U0595147

教育理论发展与教育实践研究

程兴中　刘冠男　刘洋◎著

吉林科学技术出版社

图书在版编目（CIP）数据

教育理论发展与教育实践研究1程兴中，刘冠男，
刘洋著.-长春:吉林科学技术出版社，2020.9
　ISBN 978-7-5578-7541-1

　Ⅰ.①教... Ⅱ. ①程...②刘..③刘.. Ⅱ①教育理
论-研究②教育实践-研究Ⅳ.①G40

教育理论发展与教育实践研究
JIAOYU LILUN FAZHAN YU JIAOYU SHIJIAN YANJIU

作　　者　程兴中　刘冠男　刘　洋
出 版 人　宛　霞
责任编辑　王丽新　赵渤婷
封面设计　杨晓宁
制　　版　长春市昌信电脑图文制作有限公司
幅面尺寸　185mmx260mm　1/16
字　　数　125千字
印　　张　9.5
印　　数　1-1500册
版　　次　2020年9月第1版
印　　次　2021年5月第2次印刷

出　　版　吉林科学技术出版社
发　　行　吉林科学技术出版社
地　　址　长春市福祉大路 5788号
邮　　编　130118
发行部电话/传真　0431-81629529 81629530 81629531
　　　　　　　　　　81629532 81629533 81629534
储运部电话　0431-86059116
编辑部电话　0431-81629518
印　　刷　保定市铭泰达印刷有限公司

书　　号　ISBN 978-7-5578-7541-1
定　　价　35.00元

前　言

　　教育作为促进人的全面发展的一门科学是在长期的政治教育实践中逐步形成和不断发展的。随着中国特色社会主义建设不断深入，国际国内环境和形势的变化，党指导思想的战略性转变，新时期出现的新情况、新问题，迫切要求教育工作必须在继承优良传统的基础上与时俱进不断创新。没有创新，教育就缺乏活力，就不能开创新局面。当前，我国改革开放和社会主义现代化建设事业已经进入一个新的发展阶段，经济社会发展呈现出一系列新的阶段性特征，在这样一种新旧体制交替、思想观念急剧更新的时期，我们要通过强有力的教育增强社会主义意识形态的吸引力和凝聚力，提高主流意识形态对多种思想观念和社会思潮的整合能力，以此来团结和凝聚全体人民为实践党的理想和人民的利益而奋斗，为建设中国特色社会主义和谐社会提供强大精神动力和思想保障。

　　积极探索教育管理的有效途径，主动做好意识形态工作，既尊重差异、包容多样，又有力抵制各种错误和腐朽思想的影响，探索出一条新的能够撼动人的心灵、尊重个性差异、符合心理发展规律真正具有成效性的新思路和新体系。教育和心理健康教育相辅相成，从构建和谐社会的伟大目标出发，以二者的结合为契机，深入探讨心理健康教育对教育在理论和实践两个方面的支持和补充，为新时期教育提供心理科学的教育理念和方法。全书以教育管理为研究对象，分别从新时期教育面临的新挑战、教育与心理健康教育的结合、树立人格平等观、掌握心理发展特点、促进心理发展、运用心理咨询技术、良好的心理素质等方面进行阐述，为新时期教育的理论和实践提供新的科学依托，从而开创教育生动活泼的新局面。

目 录

第一章 教育管理的理论基础

一、教育特点

教育，既是一项政治工作，也是一项教育活动，是政治工作和教育活动的有机结合，有区别于政治工作和教育活动的自身特点。

教育工作，从根本上说是做人的工作，涉及人的思想、观念、意识以及心理等领域，是面向全社会，面向广大干部群众的系统工程。只有充分发挥教育功能，激发广大干部群众的主观能动性和积极性，才能为建设中国特色社会主义，构建和谐社会提供精神动力，促进社会主义现代化建设又好又快地发展。我国改革开放正经历着关键时期，经济体制深刻变革，社会结构深刻变动，各种利益深刻调整，思想观念深刻变化，由此引发了影响社会和谐的各种矛盾以及一系列思想认识问题和心理健康问题。本书从以人为本的视角重新审视教育的理论与实践，从探索个体及社会心理发展规律为切入点，突出体现心理健康理念和实施策略为主线，以促进构建社会主义和谐社会为目标，形成了提高新时期我党教育成效性的新思路、新认识和新方法。和谐社会是指公平、合理和有序的社会，是以人为本、全面协调与可持续发展的社会。构建社会主义和谐社会，需要激发人们的创造热情，需要弘扬良好的社会风尚和营造融洽和谐的人际环境，需要妥善协调各方面的利益关系等等。为此，必须将教育纳入和谐社会视野，把服务于和谐社会建设纳入教育总体规划，以营造和谐环境、培养构建和谐社会需要的各行各业人才为目标，加强和改进教育，加强人文关怀和心理疏导，帮助和引导人们正确地看待社会转型期出现的各种问题，妥善处理面临的实际困难和复杂矛盾，为构建社会主义和谐社会提供强有力的精神动力、和谐的心理基础和坚实的思想保障。

（一）党性和阶级性

教育的党性和阶级性体现在教育目的和内容上。教育工作是党的思想政治工作的一条重要战线，它直接为党的事业服务，即为贯彻党的路线、方针、政策服务，为建设社会主义精神文明和物质文明服务，为构建社会主义和谐社会服务。可见，教育工作作为党的思想政治工作的一项重要途径，具有十分鲜明的党性原则。

在阶级社会里，教育一直都有强烈的阶级性。我们党的教育工作以马列主义、毛泽东思想、邓小平理论、"三个代表"重要思想和科学发展观为指导，坚持唯物主义，反对唯心主义；坚持辩证法，反对形而上学；坚持无产阶级思想，反对各种非无产阶级思想。它公开声明要用社会主义、共产主义思想体系教育人、培养人，要把人们的思想认识引导到无产阶级的轨道上来。所以党的教育工作有很强的阶级性。

由于教育具有很强的党性和阶级性，所以它要求从事这一工作的人，也必须具有坚强的无产阶级党性，即坚定的无产阶级立场，鲜明的无产阶级政治态度，高尚的道德品质和健康的心理品质，优良的思想作风和工作作风。舍此条件，是无法做好教育工作的。

（二）综合性

教育的本质是人的政治立场、思想观念、道德品质的形成与确立和个体社会化的过程。因此教育工作在结构上不能单独由教育者的教育活动所组成，也不可能单独由教育环境的影响所组成，更不可能单独由受教育者的"自我教育"组成。事实上，它是由教育者的教育活动、教育环境的影响和受教育者的自我教育共同组成的。在这个意义上，教育从结构上具有综合性特点。

需要强调的是，教育的综合性结构不是指各种教育主体和要素的简单组合，更不是各种教育活动外在的机械拼凑和叠加，它是一种具有内在特定结构和运行机制的有机系统，具有独特性。这种独特性表现在两个方面：一是空间结构上的协调。指教育要素结构合理、运行协调，能围绕实现教育目标运转，发挥出最大的功效；二是时间流程上的有序，即各项教育活动按照一定的方向和计划，分阶段、分层次连续地指向教育目标。这两个方面相互关联、紧密配合，使教育形成发展的动态结构。

（三）人本性和实践性

教育是做人的工作，它的工作对象是亿万群众，是亿万实践着的人。这就决定了教育需要具有以人为本的特点，并充分体现在群众的实践活动之中。

教育工作必须面向群众。列宁在讲到党的宣传鼓动工作时曾经说："哪里有群众，就一定到哪里去工作"。他还强调说：凡是有群众的地方，都应当"系统地、不屈不挠地、坚忍不拔地、耐心地进行宣传和鼓动工作，也就应当善于忍受一切牺牲，克服各种重大障碍"。中国共产党是中国工人阶级的先锋队，同时是中国人民和中华民族的先锋队，先锋队如果不去做群众工作，那就不能成为先锋队了。所以，教育的群众性是由党的先锋队性质和任务决定的。

教育工作必须立足于实践。作好教育工作，首先要了解群众的思想政治状况，这就需要深入实践宣传群众，在实践中解决群众的思想问题和实际问题。教育工作的效果如何，同样也要接受实践的检验。教育工作的实践性，是由其广泛的群众性所决定的，因为群众是实践的主体，离开实践的主体就无所谓实践了。

（四）灌输性

教育的灌输性是指在教育过程中，教育的内容、时间、地点、方式、方法等因素的确定，接受教育的群众不具有主动选择性，是由教育者根据教育的需要而决定的。而且，在特殊情况下，甚至可能利用一切可动用的宣传媒体、教育手段，进行全时空、饱和式的宣传教育。

需要指出的是，这种灌输是理性的，具有强调目的的明确性、内容的正面性、形式的张显性特点。列宁在《怎么办》一文中指出："社会主义意识只能从外面灌输进去"（《列宁选集》第1卷，人民出版社，1995年版，317页）。毛泽东在《论持久战》中也指出："没有进步的政治精神贯注于部队之中，没有进步的政治工作去执行这种贯注，就不能达到真正的长官和士兵的一致，就不能激发官兵最大限度的抗战热忱"（《毛泽东选集》第2卷，人民出版社，1991年版，511页）。后来，毛泽东在谈到农村政治工作时，又说：政治工作的基本任务是向农民群众不断地灌输社会主义思想。在社会主义初级阶段，虽然人们的知识水平有了较大提高，但是中国特色社会主义意识不能在人们头脑里自发产生。因而"必须从外面灌输"的观念并没有过时，必须将灌输中国特色社会主义思想抓好抓实。特别是在改革开放以来，伴随着社会经济的快速发展，西方社会思潮也大量涌入国内，自由化思潮泛滥和旧社会的思想意识陈渣泛起的情况下，灌输中国特色社会主义思想尤为重要。另一方面，在对外开放、市场经济的大潮中人们的思想观念毕竟发生了很大的变化，给教育带来了很大的难度。因此，在实施教育时，我们既要考虑教育手段的灌输性特点，同时也要考虑到教育对象的主体性特点，要处理好"灌输性"与"主体性"的关系，才能保证教育的实效性。

二、教育内涵

社会主义和谐社会，反映了社会主义本质特点，代表了最广大人民的根本利益，符合了人的全面健康发展的理想需求。社会主义和谐社会是物质文明、精神文明、政治文明协调发展的社会。构建社会主义和谐社会必须以"三个文明"为基础，着重解决人与人、人与自然、人与社会、人与政治的和谐。其核心在人，在于社会尊重人的权利，提高人的素质，改善人的生活质量，优化人的发展环境，妥善处理人与人之间以及各类群体之间的社会关系。一句话，就是要求社会更加和谐、更加有利于实现人的全面发展的目标。

（一）教育概念的形成

教育这一概念是在实践中约定俗成的，它经历了从政治工作、思想工作、思想政治工作等相邻术语的演变，最终形成了"教育"这一提法。对"教育"概念的理解，需要对政治工作、思想工作、思想政治工作等提法相近的系列概念进行纵横两个方面的比较。

1.政治工作

政治工作是系列概念中的最上位概念。它是指一定的阶级、政党和组织为实现自己的纲领和根本任务而进行的政治方面的全部实践活动。如阶级斗争、政权建设、党的思想和组织建设等。其任务是由党的基本任务和当前具体任务所规定，在不同历史时期有不同的内容。党的十六届四中全会通过的《中共中央关于加强党的执政能力建设的决定》明确指出："必须最广泛最充分的调动一切积极因素，不断提高构建社会主义和谐社会的能力，形成全体人民各尽所能、各得其所而又和谐相处的社会。" 可以认为，党的十六届四中全会提出了构建"社会主义和谐社会"的新命题，已经明确反映了现阶段党的政治工作的基本任务就是建设社会主义和谐社会。

2.思想工作

思想工作是指一定的阶级、政党和组织为了指导帮助人们形成与其任务要求相一致的思想认识，纠正偏离任务要求的思想认识所进行的教育活动。其目的是使人的主观符合客观实践的要求，以便正确指导实践活动。思想工作包括政治性的思想工作和非政治性的思想工作。政治性的思想工作属于政治工作的一部分；非政治性的思想工作则是思想工作的主要内容。因此，思想工作与政治工作具有相对独立的内涵与外延，二者在内容上虽然有一定的相融性，但不完全重合。

3. 思想政治工作

思想政治工作指政治工作中有关意识形态方面的教育工作，包括思想政治工作的理论和实践两个方面，侧重于实践。思想政治工作是政治工作中的思想性部分和思想工作中的政治性部分的总和，是政治工作的重要组成部分。思想政治工作是为实现党的政治任务服务的，是中国共产党宣传群众、动员群众、教育群众、组织群众的强有力的武器。

思想政治工作虽然与政治工作和思想工作有交叉，但并不包括它们的全部。思想政治工作具有特定的内涵和外延，即不能把政治工作的许多内容纳入思想政治工作的领域，也不能把纯属个人生活、生产、技术领域中的具体见解等非政治性的思想认识纳入到思想政治工作领域。然而，在现实生活中，非思想性、非政治性与思想性、政治性的内容往往相互杂糅，很难进行纯粹划分，使得思想政治工作呈现出复杂性。

4. 教育

教育是受政治制约的思想教育和侧重于思想理论方面的政治教育。由于教育侧重于思想理论方面的政治教育，它在思想政治工作中具有基础作用。但发挥教育在思想政治工作中的基础性作用时，又不能完全代替思想政治工作，否则，孤立的理论教育可能导致脱离实际的本本主义和教条主义。思想政治工作的外延更宽广，它除了教育外，还包含了许多组织工作、实践活动。所以教育不能简单等同于思想政治工作。

可见，政治工作，思想工作，思想政治工作，教育，几个概念之间具有一定的交融性、相关性，但并不等同。理解了这几个概念及关系，有助于教育概念的理解与掌握。

（二）教育的概念界定

在对相关概念的比较中，可以认识到教育是为政治工作服务的，是通过"教育"的方式方法做人的思想工作，是思想政治工作的主要内容，它是受政治制约的思想教育，是侧重于思想理论方面的政治教育，是思想教育与政治教育相互交叉、渗透、综合并融为一体的教育实践活动。是思想政治工作和教育活动的有机结合，并具有思想政治工作鲜明的时代性特点，又具有教育活动的规律性。因此，教育是一定阶级、政党、社会群体遵循人们思想意识形成的发展规律，用一定的思想观念、政治观点、道德规范对其成员施加有目的、有计划、有组织的影响，使他们形成一定社会、一定阶级所需要的思想品德的综合实践活动。

这一概念表明：第一，教育是一项社会实践活动，它具有一般的社会实践活动的基本特征和价值；第二，教育具有鲜明的阶级性，不仅这一实践活动的实施者代表着一定的阶级意志，而且教育内容与社会主导意识形态是一致的；第三，教育是以教育活动为主体形式的社会实践，它涵盖了教育活动的全部过程和目的宗旨，并与其他的社会实践活动形式相区别。

我们所从事的是马克思主义的教育，与历史上一切剥削阶级的教育有着本质区别。马克思主义教育的具体含义是，为了保证党和中华民族奋斗目标的实现，以宣传和传播社会主义、共产主义思想，引导人们的政治态度，解决各类思想问题，提高思想、道德和心理素质，完善人格和调动积极性为根本任务，是对人们进行思想教育、道德教育和心理健康教育的综合教育实践。在新的历史时期，我们党开展教育的基本任务和根本目的就是以科学发展观为指导，坚持不懈地用马克思主义中国化最新成果武装全党、教育人民，用中国特色社会主义共同理想凝聚力量，用以爱国主义为核心的民族精神和以改革创新为核心的时代精神鼓舞斗志，用社会主义荣辱观引领风尚，巩固全党全国各族人民团结奋斗的共同思想基础。

三、教育原则

教育的原则，是教育过程中必须遵循的基本准则，是长期以来，教育者对教育规律的认识和实践工作经验的总结。它在教育的全过程中起到指导作用，对教育的具体方法和要求起着导向和规范的作用，带有宏观纲领性的指导意义。

我们党教育的原则，是在马克思主义指导下，根据教育的目的和特点，以及教育的客观规律和规范要求，在总结教育工作经验的基础上制定的进行教育必须遵循的基本标准或准则。在长期的教育工作实践中，我们党总结了正反两方面的经验和教训，不仅提出了教育为党的政治任务服务的总的指导方针，而且提出了做好教育所必须遵循的基本原则。概括起来，有以下几个方面。从教育侧重于理论教育来讲，应坚持理论与实际相结合的原则；从教育的群众性和实践性特点来说，应坚持解决思想问题与解决实际问题相结合的原则；从教育是做人的工作来考虑，应坚持以人为本的原则；从教育培养自尊自信、理性平和、健康向上的社会心态考虑，应坚持解决思想问题与解决心理问题相结合的原则。

（一）理论与实际相结合原则

教育是以马克思主义理论为基础的教育，在当前主要是以中国化的马克思主义，即毛泽东思想、邓小平理论、"三个代表"重要思想和科学发展观为具体内容。因此，教育必须遵循理论与中国特色社会主义建设实际、人们的思想实际相结合的原则。

所谓理论与实际相结合，就是运用中国化的马克思主义理论来解决社会主义初级阶段，尤其是社会转型时期的重大实践问题，社会主义现代化建设和改革开放中的重大实践问题，以及人们思想认识上发生的各种现实问题。毛泽东在《改造我们的学习》一文中生动地将理论联系实际比做"有的放矢"，并且指出能否运用马克思主义理论解决实际问题是衡量工作成绩的惟一标准。在教育工作实践中坚持理论与实际相结合的原则，必须把握好以下几个问题：

1. 从理论教育的特点考虑，理论教育必须联系中国特色社会主义实际，坚持马克思主义基本原理同中国化的马克思主义理论教育相结合。

马克思主义是无产阶级革命实践的产物，是无产阶级改造主客观世界、进行革命和建设的思想武器。它是开放和发展的科学，它必然随着实践的发展而发展，随着科学的发展而增添新的时代内涵。实践性、革命性和科学性、发展性是马克思主义的显著特点，这些特点要求我们一方面不能因为马克思主义的发展性而否定它的基本原理。另一方面，更不能因为马克思主义的科学性而把它当成僵化的"教条"，必须把坚持马克思主义与发展马克思主义相统一。这是教育实践本身要求理论教育必须坚持马克思主义基本原理同发展的中国化的马克思主义理论教育相结合。

（1）坚持马克思主义基本原理教育。马克思主义理论体系包括马克思主义哲学、政治经济学和科学社会主义理论三个重要组成部分。马克思主义的根本价值就是实现共产主义的理想社会制度，其基本原理就是辩证唯物主义和历史唯物主义的唯物史观和剩余价值学说。唯物史观阐明了人类社会发展的普遍规律，指明社会发展归根到底是由物质生产决定的，生产力和生产关系的矛盾是历史发展的动力。剩余价值理论揭示了资本主义剥削的秘密和资本主义社会存在的基础，证明了资本主义必然为社会主义、共产主义取代的历史趋势。马克思主义的最终理想是消灭经济上剥削和政治上压迫的社会现象与社会制度，解放全人类，建立一个自由人的联合体，实现人性的完全复归和个性的彻底解放。为了实现这一崇高目标，马克思主义在人类社会实践中创立并发展了分析和认识世界的完整理论和科学方法，即唯物史观和唯物辩证法，从而形成了解放思想、实事求是，一切从实际出发的科学精神。所有这些都是我们必须长期坚持的理论。虽然马克思主义经典作家的个别观点和个别言论可能随着社会的发展和变化而不再使用，但其基本原理仍然放射着真理之光。今天，我们高举中国特色社会主义伟大旗帜，进行社会主义现代化建设，构建和谐社会，必须坚持马克思主义基本原理。与此相适应，理论教育也必须加强对马克思主义基本理论教育。通过对马克思主义哲学基本原理教育，解决人们认识和改造世界的世界观与方法论；通过对马克思主义政治经济学基本理论教育，解决人们认识和掌握推动人类社会发展的经济规律，指导人们遵守经济规律的客观要求，解放和发展社会生产力，不断满足日益增长的物质生活需要；通过对马克思主义科学社会主义基本原理教育，解决人们认识和遵循人类社会发展的客观规律，坚定建设中国特色社会主义的理想和信念，增强人民的主人翁意识，充分调动方方面面的积极性，构建社会主义和谐社会。

（2）加强中国化的马克思主义理论教育。党的十七大报告明确界定"中国特色社会主义理论体系，就是包括邓小平理论、'三个代表'重要思想以及科学发展观等重大战略思想在内的科学理论体系。这个理论体系，坚持和发展了马克思列宁主义、毛泽东思想，凝结了几代中国共产党人带领人民不懈探索实践的智慧和心血，是马克思主义中国化最新成果，是党最可宝贵的政治和精神财富，是全国各族人民团结奋斗的共同思想基础。"加强对中国化的马克思主义理论教育，要紧紧抓住中国特色社会主义理论体系，认真解决什么是社会主义、怎样建设社会主义，建设什么样的党、怎样建设党，实现什么样的发展、怎样发展等重大理论和实践问题。

首先，加强邓小平理论教育，使广大人民群众掌握邓小平理论精髓和精神实质，认真解决什么是社会主义、怎样建设社会主义的认识问题和实践问题。本世纪 70 年代至 90 年代，在改革开放的实践中，坚持用马克思主义的宽广眼界观察世界，对当今时代特征和总体国际形势，对世界上其他社会主义国家的成败，发展中国家谋求发展的得失，发达国家发展的态势和矛盾，进行正确分析，作出新的科学判断中形成并发展的邓小平理论，它所包含的社会主义初级阶段论、社会主义改革开放论、社会主义市场经济论、社会主义本质论以及党在社会主义初级阶段"一个中心，两个基本点"的基本路线，正确界定了我国现实社会的历史方位和主要矛盾，明确提出了社会主义初级阶段兴国之要、立国之本、强国之路等一系列多年来争论不休，没有从根本上得到解决的重大理论问题和实践问题。因此，加强对邓小平理论教育，必须紧紧把握这些理论，有的放矢地进行教育。

其次，加强"三个代表"重要思想教育，把全体党员的思想统一到"三个代表"重要思想中来，并在保持和发展先进性的创造性实践中，切实解决建设什么样的党、怎样建设党的问题。从新时期一开始，处于世纪之交的中国共产党，在建党实践中，深刻认识和把握新的历史条件下变化了的世情、国情、党情，创造性地回答了在社会主义初级阶段，建设什么样的党、怎样建设党来领导中国特色社会主义建设的重大建党理论问题和实践问题。从而正确界定了我们党的历史方位，并从代表中国先进生产力的发展要求、中国先进文化的前进方向和中国最广大人民的根本利益的高度，提出了坚持和发展党的先进性、提高党的执政能力的时代课题。并在践行"三个代表"重要思想的过程中，又明确提出了立党之本、执政之基、力量之源等一系列带有根本性的问题。加强"三个代表"重要思想教育，必须抓住其核心深入实地地进行教育。

再次，加强科学发展观教育，把全社会的发展积极性引导到科学发展上来，把科学发展观贯彻落实到经济社会发展的各个方面，真正解决实现什么样的发展、怎样发展的问题。"科学发展观，是立足社会主义初级阶段基本国情，总结我国发展实践，借鉴国外发展经验，适应新的发展要求提出来的。"（党的十七大报告）科学发展观，一是运用辩证唯物主义和历史唯物主义的立场、观点和方法，明确地回答了在社会主义初级阶段实现什么样的发展、怎样发展等重大理论问题和实践问题，体现了我们党对执政规律、社会主义建设规律、人类社会发展规律的最新认识，因而对新的历史时期的发展具有普遍指导意义；二是针对我国发展过程中出现的一些不平衡以及速度与质量不协调等问题，着眼于实现经济社会又好又快发展，提出了统筹城乡发展、区域发展、经济社会发展、人与自然和谐发展，促进协调发展、可持续发展并提高发展质量和效益的新思路和正确道路，因而是我国经济社会和谐发展的重要指导方针；三是从中国特色社会主义事业总体布局出发，着眼于建设富强民主文明和谐的社会主义现代化国家，指明全面推进经济建设、政治建设、文化建设、社会建设的具体内容，完善了中国特色社会主义发展道路、发展模式、发展战略，因而是发展中国特色社会主义和谐社会必须坚持和贯彻的重大战略思想。加强科学发展观教育，就要全面把握科学发展观的科学内涵和精神实质，着力转变不适应不符合科学发展观的思想观念，着力解决影响和制约科学发展观的突出问题，增强贯彻落实科学发展观的自觉性和坚定性。

2. 从理论教育目的性上考虑，理论教育必须紧密联系人们的世界观、价值观、道德观和法律观的实际，努力培养有理想、有道德、有文化、有纪律的社会主义新人，不断提高全民族的思想道德素质。在构建社会主义和谐社会的新的历史时期，理论教育的重点在于联系全社会思想道德建设实际，用社会主义核心价值理论教育人民，倡导和谐理念，培育和谐精神，进一步形成全社会共同的理想信念和道德规范，打牢全党全国各族人民团结奋斗的思想道德基础。

进行社会主义核心价值理论教育，必须全面把握社会主义核心价值体系。党的十六届五中全会《决定》科学界定"马克思主义指导思想，中国特色社会主义共同理想，以爱国主义为核心的民族精神和以改革创新能力为核心的时代精神，社会主义荣辱观，构成社会主义核心价值体系的基本内容。"并明确提出：坚持把社会主义核心价值体系融入国民教育和精神文明建设全过程，贯穿现代化建设各方面。

　　首先，马克思主义指导思想。马克思主义是社会主义意识形态的灵魂，是社会主义革命和建设的理论根基。毛泽东思想、邓小平理论、"三个代表"重要思想和科学发展观是马克思主义与中国具体实际相结合的产物，是中国化的马克思主义。只有坚持马克思主义基本理论和中国化的马克思主义为指导，才能使全国人民有一个共同的精神支柱。如果我们动摇了马克思主义的指导地位，就会动摇中国特色社会主义的理论根基、构建和谐社会的政治基础和全国人民团结奋斗的思想基础，就会导致思想混乱乃至社会动荡。因此在社会主义核心价值体系教育中，首先要抓住马克思主义理论教育和中国特色社会主义理论体系教育有机结合，推动中国化的马克思主义大众化，引导干部群众始终坚持马克思主义指导思想，深入贯彻落实科学发展观，更好地用发展着的、符合社会主义社会发展实际的、中国化的马克思主义指导建设和谐社会的新实践。

　　其次，中国特色社会主义共同理想。胡锦涛同志在党的十七大报告中明确提出："中国特色社会主义伟大旗帜，是当代中国发展进步的旗帜，是全党全国各族人民团结奋斗的旗帜。" 中国特色社会主义伟大旗帜，所以是当代中国发展进步的旗帜，最根本的是这面旗帜不仅顺应了人类社会发展的客观规律，反映了我国最广大人民要求发展的共同愿望，指明了实现中华民族伟大复兴的必由之路。改革开放三十年的历史实践已经证明，在当代中国，只有在中国特色社会主义伟大旗帜指引下，才能通过又好又快地发展，实现民族的独立、国家的富强和人民的幸福。

中国特色社会主义伟大旗帜，之所以是全党全国各族人民团结奋斗的旗帜，最主要的是这面旗帜代表了中国最广大人民的根本利益，符合党心民意，具有强大的吸引力、凝聚力、感召力，是当代中国人民同心同德、共创伟业的共同理想和政治基础。

再次，以爱国主义为核心的民族精神和以改革创新为核心的时代精神。以爱国主义为核心的民族精神，是中华民族生生不息、薪火相传的精神血脉，是维护国家民族统一团结、激励全国各族人民奋发进取的精神支撑。以改革创新为核心的时代精神，是推动时代发展进步的强大精神动力，是建设中国特色社会主义和谐社会中不断创造新的辉煌的力量源泉。当前，在经济社会转型时期，有伟大民族精神和时代精神的滋养和哺育，全国各族人民必将战胜各种艰难险阻，经受各种严峻考验，不断取得改革开放和现代化建设的新胜利。

最后，社会主义荣辱观。荣辱观是人们对荣誉和耻辱的根本看法和态度，是世界观、人生观、价值观和道德观的重要组成部分。以"八荣八耻"为主要内容的社会主义荣辱观，是中华民族传统美德、高尚社会道德与时代精神的完美结合，反映了社会主义道德的基本要求，为在落实科学发展观、建设中国特色社会主义实践中判断人们的行为得失、价值取向、道德选择提供了基本准则。只有树立社会主义荣辱观，才能分清是非荣辱，明辨善恶美丑，才能形成正确的价值判断和良好的道德风尚。

综上，作为四个方面社会主义意识形态中最重要的部分，是我们党团结带领全国各族人民与时俱进、开拓前进的精神支柱和思想政治基础。因此，进行社会主义核心价值体系教育，必须把这四个方面的基本内容和要求融入教育和精神文明建设的全过程，融入经济、政治、文化、社会建设的各个领域，使之成为全民族奋发向上的精神力量和团结和睦的精神纽带。

3.从理论教育的层次和方法上考虑，理论教育必须联系不同教育对象的实际，做到"有的放矢"。理论教育联系不同对象的实际，就是要求从教育对象的不同特点出发，因材施教，有的放矢地提出不同的要求，采取灵活多样、切合实际、行之有效的教育方法，防止千篇一律、脱离实际的僵化模式和教条主义形式。任何个人、任何群体都会因年龄、职业、受教育程度、阅历以及其他主客观条件的不同而具有层次性。比如，按人的思想觉悟分，一般有先进、中间和后进三个层次；按年龄分，有老年人、中年人和青少年三个层次；按受教育的学历分，有大学、中学、小学三个层次；按社会职业分工分，有工人、农民、知识分子、领导干部等层次。而且在各个层次内部，还存在着相互区别。比如，不同差异。有需要层次的不同，有思想道德的不同、智慧的不同、意志和性格的不同等等。因此，理论教育必须依据这些特点做到以下三点：

第一，坚持理论教育目的性与层次性的统一。即明确理论教育的具体内容，要有针对性，要有层次性。思想教育所包含的理论，主要是政治教育理论和思想教育理论。因此，在政治教育中，必须结合人的不同层次，有针对性的确定具体教育内容，积极开展信仰、信念、信任、信心等"四信"教育。通过教育解决对马克思主义特别是中国化马克思主义的信仰问题；对共产主义、中国特色社会主义的信念问题；对中国共产党执政的信任问题；对建设中国特色社会主义、构建和谐社会的信心问题。在思想教育中，联系人的不同思想及觉悟程度，确定教之有效、容易接受的教育内容，切实加强对世界观、人生观、价值观、道德观、法治观等"五观"教育。通过教育引导人们树立辩证唯物主义的世界观；为人民服务，为社会奉献的人生观；符合历史唯物主义的价值观；适应中国特色社会主义建设需要的崇高的道德观；自觉遵纪守法的法治观。

第二，全面准确地了解和把握教育对象，找准教育的结合点。在新时期，理论教育的结合点，首先是要紧密结合贯彻落实科学发展观的实践，加强不同教育对象的教育。用科学发展观武装全党全国各族人民，把思想统一到科学发展观上来，真正把科学发展观转化为全党全国各族人民齐心协力、奋发图强、又好又快地建设中国特色社会主义的实际行动。其次是要紧密结合构建社会主义和谐社会的实践，加强不同教育对象的教育。把全体人民最广泛地团结起来，把各方面的力量最大限度地凝聚起来，促进和维护社会和谐，共同为推进中国特色社会主义伟大事业而奋斗。

第三，从实际出发确定恰当的教育目标和方法。在教育活动中必须注意解决消极地适应教育对象的发展水平，降低要求、迁就缺点等不负责任的倾向，要提高教育人的责任意识，站在教育对象的前列，准确地找到教育对象进步的起点。还必须注意解决只抓先进、抛弃落后的错误现象，要"长善救失"，使各级各类的受教育者在原有的基础上都有长足的发展。更要注意解决只注重群众教育而忽视干部教育、特别是对领导干部的教育问题。

（二）解决思想问题与解决心理问题相结合原则

人的心理是客观现实的主观映象，是对客观现实的能动的反映。思想是人们对客观事物的理性认识，是客观存在反映在人的意识中经过思维活动而形成的认识结果。人的思想作为人的精神现象，是以人脑为器官，以客观现实为源泉，以实践活动为基础，借助心理活动而形成的。思想一经形成，就会反过来影响心理的活动取向和反应强度。

首先，从思想形成的层面分析，思想是在人的心理活动从简单到复杂，从低级向高级的发展过程中形成的。心理活动对思想形成的影响，主要通过四种形态发生着作用：一是人的心理活动状态的激发。心理活动状态是指在特定的时间、空间条件下，心理活动某种特定的综合的表现形态。人的心理活动状态受人的需要和客观现实的影响。人的认知需要能否在现实中获得实现，将会影响人的思想观念的形成与发展。二是态度的产生。态度是个体对某一对象所持有的评价和行为倾向，是现实生活中由具体的情境性刺激反复强化而产生的。态度与人的立场观点相联系，态度中作为认识倾向的那个部分，是通过思想观念表现出来，并以思想观念形态贮存在人的思想意识之中。因此，态度可以预测或解释人的社会行为和思想观念。三是心理定势的形成。心理定势是一种心理活动的准备状态，它能够影响或决定同类后继心理活动的稳定性和前后的一致性。从定势角度看人的思想，一旦形成某种思想观念，就会左右其认识活动在这种思想观念的范畴内发展。转变一个人的思想观念之所以困难，原因就在于人的思想的形成与发展，受心理定势的影响而具有稳定性和一致性。四是信念的树立。信念作为人所遵循的生活准则，是在对现实的积极态度支配下，经过缜密的独立思考之后，对自己所追求的生活目标和准则确信无疑并从内心深处接受下来自愿为之奋斗的过程中形成的。相对思想观念而言，信念也是一种载体，它所载负的内容是思想观念所代表的生活目标和准则。具有什么样的生活目标和准则，就会形成什么样的理想信念，继而就会借助相关的思想观念反映出来。思想观念与理想信念是统一的。考察一个人的信念，就可以了解他的思想，同样，分析一个人的思想，也可以了解他的信念。

其次，从思想形成的激励因素分析，思想的形成主要是在人的认知、情感、意志等心理活动实践中相互影响、相互制约实现的。具体表现在以下三个过程中：一是在认知过程。主要表现为：疏情导理，就是当情感上的障碍使人不接受理性的指导时，需要用疏情导理才能使其接受；思中明理，也就是当认知不清时，需要提高认知，动员思维活动，使其去分析问题，明辨是非；行中辨理，就是对一些道理理解不深刻，还需要在行动中加深理解时，为其提供适当的活动条件，促成其转化。二是在情感过程。主要表现为：以情动情，就是通过情感的感染性去诱发情感；以理驭情，就是通过理智去驾驭情感形成，调节情感的强度，为实现既定的教育目标服务；行中育情，就是通过活动加深认知，培养情感。三是在意志过程。主要表现为：以情激行，就是通过情感体验去激发相应的行为动机，调动人的活动积极性；以理促行，就是用理智督促、检查、推动其自身行为；以行带行，就是以行动为榜样，带动行动。

再次，从思想形成的结构因素分析，思想的形成主要依从于认知、情感、意志在个性结构中的主导地位不同，构成不同的思想类型。一是理智型。这是以认知过程占优势的心理活动类型，其中思维活动起主导作用，它能通过理性分析认清事物特点和本质，实现认知和行动的定向。在这一类型活动中，情绪平稳，促进认知的提高与转化。二是情绪型。它主要是情感活动占优势，情感活动比较强烈，对认知和行动的改变起着强化的催化作用。三是意志型。它的特点在于认知和情感都服从于活动目的，也就是认知明确，情绪稳定，行动坚决，有强烈的自制力。

总之，从思想形成的层次、激励因素和结构分析中不难得出认知、情感、意志这三种心理要素之间相互联系、相互影响、相互制约、相互促进形成了人的思想。因此，在教育实践中，要想取得教育的实效性，必须坚持解决思想问题与解决心理问题相结合的原则。

党的十七大报告明确提出："加强和改进思想政治工作，注重人文关怀和心理疏导，用正确的方式处理人际关系。"报告提出的这一要求，体现了思想政治工作以人为本的宗旨和与时俱进的创新意识。就是要根据人民群众的实际需要，从单纯注重教育，逐步转向既注重教育，又注重人的心理疏导。两者有机结合，相互渗透，就能收到事半功倍的效果。在教育中注重心理疏导，首先要掌握人的心理问题。人的心理问题，是指人在社会适应中产生的个体能够意识到或意识不到的主观困惑。心理问题一般分为三种类型：心理成长问题，指个体整个人格系统健康、正常，发展方面，希望能够了解自己的心理发展水平，最大限度的发挥潜能，实现更大目标，达到更高境界；心理障碍问题，指个体在行为反应和人格系统方面存在某些缺陷，从而导致在与外界接触与交流过程中遇到障碍和麻烦，不能有效地适应社会环境。但其认识能力还是正常的，意识清楚，对解决自己的心理问题有比较迫切的要求；心理变态问题，指个体整个人格系统或某个重要的心理功能发生较为严重的病变，导致不能自主地控制自己的行为，无法与外界进行正常的接触与交流。

我们必须看到，改革开放以来，随着社会的快速发展和全面进步，人民群众的生活水平有了显著的提高，精神生活和精神世界更加丰富，精神面貌发生很大的改观。但同时也应看到，社会生活的急剧变化，工作和生活节奏的明显加快，竞争的日趋激烈，加之社会分配不公造成的贫富差距拉大，就业难、看病难以及权力腐败等一系列社会现实问题造成了各种心理问题大幅度增加，由此引发的社会问题也日益突出。解决人们的不同心理问题，缓解人的心理压力、调节人的心理平衡、促进人的心理健康、实现人心理的和谐发展，已经成为加强和改进教育、维护团结稳定、促进社会和谐的重要课题。为此，应该遵循解决思想问题与解决心理问题相结合的原则，着重从以下三个方面做好工作，切实解决好人们的心理问题。

第一，加强心理健康教育。心理问题是引发思想问题的心理因素。心理健康教育不仅是解决人们各种心理问题的重要手段，也是解决思想问题的基础。因此，通过加强心理健康教育，培育和谐心理，引导人们用和谐的思维方式认识事物、用和谐的方法处理问题，培养自尊自信、理性平和、健康向上的社会心态，以开阔的心胸和积极的心态看待一切。引导人们树立合理竞争、共同发展的理念，提倡包容和协作精神，形成干群和谐、男女平等、尊老爱幼、互相帮助、见义勇为的社会风尚。有效地调节人们的情感和心理，消除忧郁感、孤独感、失落感等不良情绪，让人人都能精神愉快，心情舒畅。

第二，努力解决人们多方面的合理需求。人的需求是多元的，除了保障基本的安全生存和基本的物质生活条件的需求以外，还有参与社会生产和社会交往的需求，还有实现自我价值和赢得社会荣誉的需求。在这些需求当中，既有生理的，又有心理的；既有物质的，又有精神的；既有经济的，又有政治的。每当已有的需求获得满足之后，又会产生新的更高一级层次的需求。人类及人类社会就是由需求的不断产生，不断获得满足的推动下发展进步的。如果人们的合理需求得不到满足或满足活动受到阻碍时，就会引发一系列心理问题，如不及时调节和消除心理问题，还会由此而导致思想问题的产生。因此，一方面，我们不仅要高度重视人民群众主体感受上是否满意、是否赞成、是否高兴的情绪反应，时时关注每一个人自身成长与发展的各种合理需要，既便是需求有不合理因素，也应解释清楚，让人感到心悦诚服。同时努力创造让每个人都能够根据自己的正确选择发挥聪明才智的社会环境，使人人都有平等创业和凭借自身能力改变处境的机会。促进每一个人的聪明才智和潜能充分发展。另一方面，我们应该针对人民群众最关心、最直接、最现实需求的利益问题，切实做好就业、收入分配、社会保障、看病、住房、子女上学、食品医药安全、安全生产、社会治安、生态环境保护等方面的工作，建立健全有效保障社会公平正义的制度和运转机能，最大限度地降低各种风险因素，减少人民群众正常生存和发展的后顾之忧，努力消除引发人们心理失衡与失调的外部诱因，为培育人们的健康心理与和谐心理提供有利的社会环境支持。

第三，建立健全有效的心理疏导机制。各级教育部门，要建立健全社会心理反映机制，加强社会心态的监测和评估，完善社会心态疏导、调适与平衡的工作体系和保障制度，疏通社会情绪交流、宣泄渠道，严防不良心态积累与恶变，引导人们在潜移默化中达到心理和谐。要加大心理卫生投入，建立心理疏导机制，健全心理咨询网络，把心理疏导贯穿、渗透到教育、专业咨询、心理医治等各方面，才能及时解决不同的心理问题。

（三）解决思想问题与解决实际问题相结合原则

教育是解决人的思想问题的实践活动。是通过有目的的教育活动培养良好的思想政治品德来正确地引导人的社会行为的。人的思想问题，除纯属认识问题和意识问题外，一般大多是由实际问题所引发的。所以，在教育中我们必须坚持解决思想问题与解决实际问题相结合的原则，也就是在教育过程中注意了解教育对象的实际问题，在解决思想问题时要注意解决实际问题，在解决实际问题中解决好思想问题。

1. 思想问题

思想是人们对客观事物的理性认识。人们在社会实践中所形成的对客观事物的认识，表现为感性认识和理性认识两种形式。其中，感性认识是认识的低级阶段，它是人们在实践的基础上，由感觉器官直接感受到的关于事物的表现现象、事物的外部联系。感性认识的特点是直接性，它所反映的内容是事物的表现现象，它的表现形式是感觉、知觉和表象。理性认识是认识的高级阶段。理性认识以抽象性、间接性为特点，以事物的本质为内容，以概念、判断和推理为基本形式。它是在感性认识的基础上经过分析综合、抽象概括等心智操作活动把握事物的全部、事物的内部联系、事物的本质上升到理性认识，这就是思想。因此说思想是客观存在反映在人的意识中经过思维活动而产生的结果。

人们在社会生活中所反映出的思想问题，主要有思想认识问题和思想意识问题。思想认识问题是指对客观事物的看法是否实事求是，是否符合唯物辩证法，是否具有客观真实性；思想意识问题是指人的思想品质、动机、理想、道德和其他意识观念是否符合一定社会的核心价值体系，是否在实践中能动地认识世界，又通过实践而能动地改造世界。

思想是客观存在的反映，人的社会存在，决定着人的思想。人们在社会生活中产生思想问题的主要根源在于对客观世界的反映是否正确。也就是客观存在转化为人的观念和意识，具体说是经过感觉、知觉、表象的感性认识形式向概念、判断、推理的理性认识形式转化过程中，由于人的主体不同，对客观世界的反映也不同。因此，必然会产生不同的思想问题。其中，偏离客观实际的感性反映是产生思想问题的前提。首先，感性反映的形成必须有客观事物作用于主体的感觉器官，否则是不会形成关于客观地、实事求是地认识对象的感觉、知觉和表象。因为，人的感知器官是具有选择功能的分析器，能够接收不同的刺激，通过分析、整理、组合而形成不同的感知觉。其次，感性认识的形成同已有的经验、知识密切相关，已有的知识经验影响并制约着人们接收信息、加工处理信息的感知过程。在接收外部信息的过程中，人们总是按其既有的经验、知识结构进行知觉选择。所以，对同一认识对象、往往由于认识主体所具有的经验和知识结构不同，会做出不同的反映，进而导致不同的感性认识。所以，偏离客观实际的感性反映，必然要引发思想认识上的错误。因此，在研究思想问题以及在教育中坚持解决思想问题与解决实际问题相结合的原则时，我们必须把握好以下三点：

首先，把握客观事物作用于人们头脑产生思想问题的客观因素。客观事物是人的思想的源泉和内容。在复杂多样的客观事物中作用于人的头脑而促使产生思想问题的客观因素主要归纳为：一是经济因素，包括生产资料、生活资料等；二是政治因素，包括国家政权、政治体制、政治组织、政治路线等；三是文化因素，包括科学技术、教育、文学艺术等；四是社会因素，包括公平公正、社会和谐等。以上四大因素作用于人的头脑，就会影响人思想的形成，表现为不同内容、不同层次、不同形态的思想。

其次，把握主观认识脱离客观实际导致思想问题的主观因素。人们的认识任务就是求得主观和客观、思想和实际之间的具体的历史的统一。所谓具体的统一，是说主观认识或思想要同一定时间、地点、条件下的客观实际相符合；而历史的统一，是主观认识或思想要同不断发展变化着的客观实际相适应。具体的历史的统一要求人们，当客观实际的具体过程已经向前发展的时候，主观认识或思想就应当随之而转变，做到与时俱进。在思想认识与社会发展的历史统一上，要防止一种倾向掩盖另一种倾向。既要防止落后社会发展的迟滞认识，也要防止超越历史的冒进想法。

再次，把握人们的实践活动是形成正确思想的关键环节。人只有在实践活动中才能接触客观事物，客观事物也只有在人的实践活动中才能向人类展现其本质。离开了人们的实践活动，客观事物不可能在人们的头脑中得到真实的反映，形成正确的思想，并指导人们的行为。因此，思想的形成和发展过程就表现为：人们在社会实践活动中受到客观事物的刺激引发感性认识，在此基础上，经过思维活动上升到理性认识而形成思想。再用思想指导行为去改造客观事物，并在改造客观事物的实践活动中又形成新的思想、产生新的行为，进一步改造客观事物。如此循环往复，螺旋式上升，推动人们的思想进步，促进客观世界的不断发展。

2. 实际问题

实际问题是指回答、解释或解决客观存在的事物真实的情况。包括经济生活中的问题、政治生活中的问题、文化生活中的问题、社会生活中的问题等等。在教育中所要解决的实际问题，主要包括现实社会生活中有关民生的实际困难和难以处理的实际矛盾。当前我国经济社会发展中，涉及人民群众切身利益的矛盾和实际问题概括起来主要有以下几个方面：一是农业基础薄弱还没能从根本上改变，粮食稳定增产和农民持续增收难度加大；二是地区之间、城乡之间发展不平衡，收入分配制度不完善，收入分配秩序不规范，造成利益格局失衡、贫富差距拉大；三是劳动力供大于求的矛盾将长期存在，来自下岗失业人员、以大学生为主的城镇新增劳动力和农村富余劳动力这三方面的就业压力叠加，造成就业难；四是社会保障制度不完善、覆盖范围窄、统筹层次低，人口老龄化问题十分突出；五是食品药品安全、医疗服务、教育收费、社会治安、安全生产等方面的问题还比较多；六是土地征用、房屋拆迁、水库移民、企业改制、环境保护等方面损害群众利益的问题还没能从根本上解决；七是行使人民的知情权、参与权、表达权、监督权等人民当家作主的权利和权益还没有从根本上得到保障；八是用人民的血汗钱大吃大喝、请客送礼、游山玩水、挥霍浪费、行贿受贿等权利腐败问题没能得到遏制。这些直接涉及百姓生存与生活的实际问题是人民群众产生一系列思想问题的决定性客观因素。及时解决这些民生的实际问题，不仅能减少思想问题的产生，还能使相当一部分已经产生的思想问题得到迎刃而解。当然，解决了实际问题并不等于全部解决了思想问题。还必须把解决实际问题与解决思想问题结合起来。

3. 坚持解决思想问题与解决实际问题相结合的原则

坚持解决思想问题与解决实际问题相结合的原则，必须把握好以下两个重要环节：

第一，在经济社会发展的各个环节和各项工作中都要坚持解决思想问题与解决实际问题相结合的原则，着力解决好民生的实际问题，从源头上防止思想问题的产生。

从社会建设角度，在经济建设中，要努力创造更好更多的物质财富，不断改善人民生活，最大限度地提高人民生活水平；在政治建设中，要努力保障人民当家作主的权利和权益，不断发展社会主义民主政治，建立健全社会主义法制；在文化建设中，要努力创造文化精品满足人民精神文化需要，不断提高人民精神生活质量，切实增强人们的精神力量；

在社会建设中，要努力坚持公平公正原则，协调好各阶层的利益关系，增强全社会的创造活力，构建全体人民各尽所能、各得其所、积极向上和谐相处的社会。

从切实解决民生实际问题角度，首先要保障人们群众生存的基本需要，必须认真抓好就业、收入分配和社会保障工作。就业、收入分配、社会保障是民生的三大支柱，也是民生最基本的实际问题。其中，就业是民生之本，实现充分就业是人民群众维系基本生活、共同享受经济发展成果、实现社会价值的基础；收入分配是民生之源，是有效调节社会利益关系，促进经济效率和社会发展的重要保证；社会保障是社会运行的稳定器，是人民群众的生命线。

其次要满足人民群众发展的根本需求，积极解决教育、卫生、文化和住房问题。教育涉及千家万户，惠及子孙后代，教育公平体现着人的成长起点和未来发展机会的公平，是人的全面发展和社会公平正义的客观要求；医疗卫生直接关系人的健康质量，健康是人全面发展的基础，是人民群众最关心、最希望解决的现实问题之一；文化体现着人的精神需求，也是提高国民素质的重要途径；住房是国民基本生活需求之一。

再次，要确保人民群众安全的基本需求，切实加强安全生产和食品、药品监督、保护生态环境和维护社会治安稳定。这些实际问题都直接关系到人民群众的生命健康和财产安全，是解决民生问题的重要方面。通过安全生产和食品药品监管，有效防止食品药品安全事故，坚决遏制"重特大"安全事故发生；通过维护社会治安稳定，增强人民群众的安全感；通过保护生态环境，解决危害群众健康和影响可持续发展的主要问题，让人民群众喝上干净的水，呼吸到新鲜的空气；总之，解决好这些人民群众生存和发展的基本需求，不仅能从源头上有效地防止思想问题的产生，还能有效地解决现存的各种思想问题。

第二，在教育过程中要遵循解决思想问题和解决实际问题相结合的原则，着力解决好不同受教育者的实际问题。教育过程中的实际问题，主要是指受教育者在接受教育中的不同差别、各种矛盾和一些具体困难等。比如，在现实社会中，由于人们的社会地位、实践经验、受教育程度、知识水平、理论修养和认识能力、接受能力等方面不尽相同，对利益的追求，对事物的认识，人格发展等方面也都存在许多差别。因此，教育必须解决这些实际问题，才能取得教育的实效。

教育过程中的实际问题，主要表现为教育对象是否能动地接受教育并内化成自己的需要而形成适应一定社会生存和发展需要的正确思想。教育的根本目的就是依据一定社会生存和发展的客观需要，用与之相适应的政治、思想、道德观念对该社会成员实施教育来实现社会需要与个人需要的统一。具体表现为社会主题思想与个体思想的统一、社会要求与个人行为的统一。实现两者的统一，必须认真解决好教育过程中存在的最本质的实际问题。

一是要解决好接受教育的心理问题，实现社会需要与个人需要的统一。人的本质是社会关系的总和。人的需要不仅是个人需求的反映，同时也是社会需求的反映，人在正常心态下一般都能够认识和反映社会的各种不同需要。比如，社会生活的正常进行，要求每个社会成员遵纪守法，爱护公共财务，维护公共秩序和卫生，尊老爱幼，礼貌待人，和谐共处等。当这种社会需要反映到个人头脑中并为他所理解和接受时，就成为他的信念，成为他的个人需要。社会需要与个人需要应该处于和谐一致状态。作为一个社会成员只有把社会需要转化成为个人需要时，才能与社会协调一致；如果个人需要与社会需要处于对立状态，个人的行动就可能违反社会需求的准则而同社会发生冲突，造成不良的社会影响或危害。因此，教育的任务，就是通过教育使人们正确理解、主动地接受社会需要，然后内化为个人需要，实现两者的统一。这就要求教育者，帮助受教育者消除对教育的认识障碍，端正接受教育的态度；消除接受教育的情感障碍，增强接受教育的自觉性。

二是要解决好接受教育的思想问题，实现中国特色社会主义主题思想与个体思想的统一。中国特色社会主义的主题思想就是在社会主义初级阶段，坚持和发展马克思列宁主义、毛泽东思想、邓小平理论、"三个代表"重要思想以及科学发展观等重大战略思想。这一主题思想是社会主义意识形态的旗帜和灵魂，是全国各族人民共同奋斗的基础思想，也是社会主义核心价值体系最根本的内容。当今中国伴随着经济社会的快速发展，社会基本矛盾呈现出一系列新的特点，出现了许多新的矛盾和问题，深刻影响着人们的思想意识和价值观念，并使之趋于多元化。社会思想观念越是多元化，就越是需要坚持和巩固中国化的马克思主义在社会意识形态领域的主导地位，用中国特色社会主义的主题思想和核心价值体系引领和整合社会思潮，在尊重差异中扩大社会认同，在包容多样性中形成社会思想共识，才能实现中国特色社会主义的主题思想与个体思想的统一。因此，教育者在实施理论教育过程中，必须坚持理论联系思想实际的原则，针对思想观念多元化的实际和对主题思想的怀疑，主流核心价值观的流失，非马克思主义的意识形态滋长，封建主义残余思想意识沉渣泛起，国外资本主义的腐朽思想乘机而入，各种思想文化相互交融、相互撞击等现象，毫不动摇地坚持中国化的马克思主义在意识形态领域的主导地位，紧紧把握在指导思想上决不搞多元化，在教育实践中努力提高用中国特色社会主义主题思想和核心价值体系引领多样化社会思想的水平。

三是要解决好接受教育的内化问题，实现社会要求的准则与个人行为的统一。以往教育最深刻的教训在于没有足够的重视和解决对受教育者接受教育的内化问题，因此出现教育内容没有深入人脑，形成信念，没能内化为个人的需要，造成社会要求准则与个人行为相互脱节的被动局面。从今天的社会思想道德现状看，不仅存在着一些冲击到社会思想道德底线规范的混乱现象，还潜伏着一些更深层次的价值观念和信仰危机。比如权力腐败，机会主义价值观的流行，社会公德、职业道德水准的下降，以及对精神信仰的漠不关心等，甚至有些时候思想道德的严重缺失使人引发"末世"之感，与社会经济的"盛世"形成了强烈对照。这些问题的出现与教育没能从根本上解决受教育者的内化问题有着直接的关系。人在社会生活中总是要接受某一社会组织的政治影响，在逐步理解和掌握社会行为规范的过程中，促发与之相适应的道德感、理智感和美感等社会性情感体验。在将社会需要逐步内化为自我要求的同时，依据社会要求的思想道德准则，制约和规范个人的行为。所以，在教育过程中，教育者的注意力不仅要集中在教育内容的传授上，还要更加注重教育内容的内化问题，才能促使受教育者实现社会要求的准则与个人行为的统一。

（四）贯彻以人为本，促进人的全面发展原则

在阶级社会或有阶级的社会中，"以人为本"实质上是以最广大人民群众的根本利益为本。在当代中国，我们党所讲的"以人为本"，就是以工人、农民、知识分子等劳动者为主体，包括其他中国特色社会主义建设者和未来建设者在内的最广大人民群众为本。我们党提出以人为本的根本含义，就是坚持全心全意为人民服务，立党为公、执政为民，始终把最广大人们的根本利益作为党和国家工作的根本出发点和落脚点；坚持尊重社会发展规律与尊重人民历史主体地位的一致性；坚持为崇高理想奋斗与为最广大人民谋利益的一致性；坚持完成党的各项工作与实现人民利益的一致性；坚持发展为了人民、发展依靠人民、发展成果由人民共享。这就要求尊重人的权利，提高人的素质，改善人的生活质量，优化人的发展环境，妥善处理人与人之间的社会关系。一句话，以人为本就是要求社会更加和谐，更加有利于实现人的全面发展的目标。

教育是以人为对象实施教育的工作，这种工作从教育内容上看，是端正人的思想、观点、立场方法的工作；是提高人的认识世界和改造世界能力的工作；是促进人的全面发展的工作。从教育过程来看，不仅是教育者与受教育者在思想上的交流，也是情感上的交流。因此，只有坚持以人为本，才能在尊重人、理解人、关心人和爱护人中端正态度、提高认识、做好工作。

首先，坚持"以人为本"是教育的本质要求。教育是做人的工作，人的素质不仅是教育的前提，而且也是教育的目的。人是教育的中心、出发点和基础，也是教育的目的、归宿和根本；教育的根本任务是启发人的自觉性，调动人的积极性，激发人的创作性，造就人的自主思想意识和道德行为，促进人的全面发展。尊重是教育的本质规律，尊重个性的教育应当是 21 世纪教育的理性追求。要使教育获得合乎规律的发展，就必须从人的实际出发，把"以人为本"的理念贯彻到教育的全过程。

其次，坚持"以人为本"是教育取得成效的经验总结。教育是我们党的优良传统，被称之为"生命线"。不论是在革命战争年代，还是和平建设时期都发挥了重要作用。教育不仅在整个中国革命过程中，对革命的发展发挥了启蒙思想、提高觉悟和理论指导的伟大作用。同样，在经济建设，特别是在社会主义现代化建设中为物质文明建设提供强大的精神动力、智力支持，为精神文明建设提供马克思主义理论指导，为政治文明建设提供解放思想、更新观念，为构建文明、和谐社会提供思想道德保证。教育工作之所以发挥了巨大的作用，关键在于教育坚持了一切为了人民群众，一切从人民群众实际出发的思想路线。促使人民群众对教育的目的、任务形成认同感，并在理解和接受教育中产生信念，激发了人民群众革命和建设的积极性。而教育一旦脱离了人民群众这一根本，教育必然会失去其实效性，带来极大的危害。这在教育的历史中有着深刻的经验教训。比如，19 世纪中期的中国早期现代化，其动机是为了抵御西方列强的侵略，即"师夷长技以制夷"。由于没有把提高人的素质当作根本目的，因此这种见物不见人的现代化也就难免陷入困境，举步维艰、效果甚微。再如文革期间，由于把人的各种问题都上升到阶级斗争的范畴加以批判，造成人人自危的政治环境，加上以阶级斗争为纲，忽视满足人的基本的物质需要和精神需要的根本，结果，调动和发挥广大人民群众的积极性、主动性和创造性的情感渠道、思想渠道和社会渠道全部被堵塞，社会生产力遭到了极大的破坏。教育的历史经验表明，要取得教育的成效性，就必须以人为本，从人的实际出发，调动广大人民群众的积极性、主动性。正如江泽民指出："善于做群众的思想工作，提高群众的觉悟，激励群众为实现自己的根本利益而奋斗，是我们党的传家宝，任何时候都不能丢。"

再次，以人为本是教育的时代召唤。在我国进入全面建设小康社会、加快推进社会主义现代化的新的发展阶段，随着经济体制深刻变革、社会结构深刻变动、利益格局深刻调整、思想观念深刻变化，社会经济成分、组织形式、就业方式、利益关系和分配方式日益多样化，对教育提出了新的更高要求。我们要从新世纪新阶段的实际出发，进一步解放思想，与时俱进。坚持"以人为本"的工作方针，把人放在首位，抓住经济和社会发展同人们的思想行为变化之间的关系，认真捕捉人的观念、心理、兴趣的变化，加强和改进教育工作，注重人文关怀和心理疏导，用正确方式处理人际关系，促进人的全面发展。

在世界现代化的进程中，不仅发展中国家的人的现代化问题明显制约了社会现代化，而且西方国家在进入后工业化社会后，在巨大的经济成就背后，也日益严重地暴露出与现代化社会不相容的人的问题，人的现代化明显落后于社会的现代化，制约着社会的进步和发展。因此说，以人为本的教育，是人类文明的召唤，是人的价值全面实现的召唤。

教育贯彻以人为本、促进人的全面发展的原则，必须在实施教育过程中，从价值观念、教育内容、教育方法、教育环境上，全面渗透"以人为本"的理念。

1.教育要以人为本，就必须坚持尊重人、关心人、理解人、鼓舞人，实现教育的社会价值和个体价值的统一。

一要尊重人，树立教育者与受教育者平等的观念。当今教育的对象都享有独立人格、具有现代意识、崇尚科学与理性。教育过程中教育者必须树立尊重受教育者的人格，爱护受教育者的自尊心，一切为了受教育者，全面依靠受教育者的理念。以人为本的教育理念核心在于对人性的充分肯定，对人的潜能与智慧的信任，对人的自由和民主追求的尊重。以人为本的教育理念根本目的在于对人性的唤醒和尊重，提高人的主体意识，弘扬人的主体性，促进个性发展。从而最广泛调动人的积极因素，最充分地激发人的创造活力，最大限度地发挥人的主观能动性。教育工作者要懂得教育人首先要尊重人，尊重人的合理的利益追求，健康的兴趣爱好和进步的、符合社会发展的个性完善。因此，在与受教育者的接触中，一定要谦虚谨慎、戒骄戒躁，虚心听取他们的意见和建议，尊重他们的人格和权利。这样，人们才会敞开心扉，接受教育。

二要关心人，树立正确的利益观。关心人很重要的一点是关心人的利益。在社会主义市场经济条件下，社会成员日益表现出趋利性特点，人们的思想认识与其合理利益满足的联系越来越紧密，能否处理好二者的关系，直接影响到教育的质量和效果。这就要求我们必须高度重视人们的物质利益，以马克思主义的利益观来引导人们正确认识和处理各种利益关系，鼓励人们通过正当手段满足个人利益。从维护广大人民群众的根本利益出发，深入群众的思想实际和生活实际，切实关心群众疾苦，多做得人心、暖人心、稳人心的工作。这样才能引导好、保护好、发挥好人民群众的积极性。

三要理解人，树立教育的生命性价值。理解是沟通思想和感情的桥梁和纽带。在教育工作中，要学会换位思考、心理置换，设身处地为受教育者着想，急其所急，想其所想，帮其所需。当今社会，人的个性特征日益鲜明。针对这一状况，需要因材施教，不同的人，性格不同，教育方式也应不同。要多看别人的长处、优点，信任他人、肯定他人，多交流、多通气，在思想的沟通中，逐渐达成共识，减少误会，增进了解和友谊。要尊重受教育者的心理年龄特点。教育内容和方法，都必须遵循教育对象的年龄、心理特点和教育规律，充分注重人的天性，围绕人的年龄特点和接受教育的心理实际来设计教育活动的具体内容和形式。

四要鼓舞人，树立教育的社会性价值。教育以人为本，就要做到鼓舞人，注重开发人的价值和潜能，不断激发人的创造性。激励是对人的价值和工作的认可与肯定。在当今社会，压抑人的个性就等于扼杀人的创造力，对个性化人格的社会认同，是社会进步的一个显著标志。在协调人际关系上，体现以人为本，强化人们的相互包容意识，在相互合作、相互促进、相互激励中，形成思想碰撞、性格互补、知识增值，人的价值也因此放大、升华。要引导和鼓舞个性发展，为个性健康、充分的发展创造必要的环境与条件。要开发人的智力，培养人的创新精神，激发人的创造性，在更大程度上实现自我价值的同时为社会进步做出更大的贡献。

五要服务人，树立教育者为受教育者服务的观念。受教育者是教育的主体，教育者是教育内容的载体。主体与载体是一个不可分割的整体，一个平等的统一体。教育目标、教育内容和教育效果必须通过受教育者才能发挥作用。以人为本的教育，要求教育者有正确的角色定位——既是教导者又是服务者。教育过程中，教育者必须为受教育者服务，彻底清除"师道尊严"在受教育者心理上的压迫感和威慑感，保持教育者与受教育者的交融关系。

2.教育以人为本,就要依据人的特点,规律和需要,努力创造适应新形势的工作机制和工作方法。

一要研究人的特点,规律和需求。切实掌握每个人的具体思想特点及形成的客观原因,从中找准教育的切入点,即群众最关心的热点和最迫切需要解决的难点。因此,一方面,要深入实际,深入群众,认真细致地了解民情,客观准确地分析民意,及时了解群众的思想,掌握群众的情绪,发现群众观念的变化,体察群众的要求。同时,还要努力查找人民群众中蕴藏着的丰富而实际的教育资源,及时发现和总结人们在实践中形成和表现出来的好思想、好品德、好经验和好做法。另一方面,要认真研究新形势下教育工作的特点和规律,准确把握时代特征,根据不同岗位、不同年龄的实际情况,把解决思想问题与解决实际问题结合起来,把耐心的教育疏导与热情服务结合起来。再一方面,思想理论教育的形式要力求深入浅出,充满生机和活力,切忌过去那种"假大空"及"满堂灌"等僵硬和近乎教条式的做法,使教育工作从空洞的说教变得有鲜活形象,入情入理,因势利导,才能发挥出教育的真正实效。

二要注意受教育者的感受,构建渗透式教育模式。要走出"纯粹"的思想和政治工作范畴,采取各种各样的方法,通过多种形式和渠道,向受教育者逐步渗透。要依托现代化传媒工具全时空的渗透功能,开辟教育工作新渠道,提供新的手段,新的教育工具、新的载体,进行全方位教育。要加大教育工作的科技含量,让高科技为提高思想教育政治工作的质量和效果服务。要围绕人们求和、求乐、求美、求上进等需要开展各种活动,在教育活动中逐渐形成良好的群体意识、价值观念、社会心理、生活方式、行为规范及审美情趣。

3.教育以人为本,要注重自我教育,创造出一种以情感人、以理服人的教育新方式。

当前，社会经济生活正在发生着深刻的变化，人们的心理承受力、价值观念、思想道德等伴随社会转型所带来的各种矛盾不断发生变化，出现急需调适、疏导和解决的一系列心理问题和思想道德方面的问题。这些问题如果用强制堵塞的办法非但无益于解决问题，反而会使一些人产生逆反心理或排斥心理。因此，教育者要以人为本，注重教育的"内化"，讲求教育的方式方法，多采用启发式、谈心式、对比式、交流式的办法，使之乐于接受。要善于运用群众参与、平等讨论、自我教育等方式，多角度、多侧面地做好工作。要用为民服务的情感，设身处地为教育对象的利益考虑，以情感人、以理服人，提高教育的号召力和感召力。

4. 教育要以人为本，就必须把以人为本作为促进人的全面发展的重要指导原则。

教育要以人为本，就必须把以人为本作为促进人的全面发展的重要指导原则。以人为本的深层内涵是：人应当追求一种人性化的生活，这种生活当然不能以饥寒交迫为基础，但也不是以奢侈荒淫为标志的。人应当在解除生存威胁的基础上，相互之间能以坦诚平等相待，能充分发展自己的潜能，能干自己热爱之事，这就是人的全面发展。但在现代社会条件下，由于人的能力、体力、智力以及机遇的差异，造成人与人之间的不同差别，即使如此，也不能认为这就是天经地义的，是永恒的权利。人之所以为人，就在于人的崇高理想是让人的生存超越人的天然差别，让每个人都能各尽所能地发展自我，都能充分享受社会的文明成果。

在社会主义初级阶段，对全民进行教育，努力提高全民族的政治思想道德素质和科学文化素质，是从政治思想和精神生活方面促进人的全面发展的重要内容。因此，在教育适应新时期、新特点的发展中，必须把以人为本作为促进人的全面发展的重要指导原则，努力改变以往长期以来超越全民实际接受能力的教育传统，重视素质教育和贴近群众的教育，否则，全面发展的总体目标是很难达到的。

当然，人的全面发展不仅是个教育问题，更重要的是实践问题。因为人的才能的发挥和形成，不可能脱离人的实践活动而仅仅在课堂里就实现的。何况，我们讲的是全民的全面发展，这只能通过改造社会的实践活动才能实现。正象马克思指出的那样："只有改变了环境，他们才会不再是'旧人'，因此他们一有机会就坚决地去改变这种环境。在革命活动中，在改造环境的同时也改变着自己。"（《马克思全集》第1卷234）这一论断启示我们在建设中国特色社会主义的实践中，一定要把推进人的全面发展同推进经济、文化的发展和改善人民的物质生活的实际活动结合在一起，并形成良性互动关系。人的发展越全面，社会的物质文明财富就会创造的越多，人的生活就越能得到改善；而物质文明越充分，就越能推进人的全面发展。教育的最终目标就是通过教育，从政治思想和精神生活方面促进人的全面发展，使这两个历史过程相互结合、相互促进。这样才能真正地跨越从以人为本到人的全面发展的纯逻辑推导，切实把坚持以人为本和人的全面发展置于构建社会主义和谐社会的实践基础上。

四、新时期教育作用

教育是我们党的传家宝，是经济工作和其他工作的生命线，是社会主义物质文明、精神文明和政治文明建设的重要保证。80多年的历史证明，教育在党的事业中占有极其重要的地位，发挥着巨大的作用。我们要建设社会主义和谐社会，必须充分认识教育在新时期的重要作用。

（一）教育在社会主义初级阶段"三个文明"建设中的重要作用

教育作为社会生活的一项有机组成部分，渗透到社会经济、政治、文化生活的各个方面，和社会生活有着不可分割的联系，并在整个社会生活中具有重要的地位和不可替代的作用。用我们党对教育在中国共产党领导下所进行的社会革命和建设中的实际作用来概括就是：思想政治工作是经济工作和其他一切工作的"生命线"，通过教育工作调动人的积极性、主动性和创造性。从促进社会主义物质文明、精神文明、政治文明建设的角度看，它又是社会主义初级阶段，建设中国特色社会主义、构建和谐社会的重要保证。

1. 教育在物质文明建设中的作用

教育工作是社会物质文明建设的重要保证。这种保证作用主要体现在两个方面：一是通过加强教育，保证以发展社会生产力为中心的物质文明建设始终沿着正确的方向前进；二是通过加强教育保证经济建设任务的完成，推动社会生产力的解放和发展。

（1）教育是物质文明建设坚持社会主义方向的重要保证

中国特色社会主义事业是包括物质文明建设、精神文明建设和政治文明建设全面推进的事业。它不仅要通过解放和发展社会生产力来发展经济、摆脱贫穷落后，实现经济的现代化。而且要通过建设社会主义核心价值体系，提高全民族的思想道德素质，实现社会主义精神文明和通过建设、发展社会主义民主政治，实现社会主义政治文明。这"三种文明"建设互为条件，相互促进。教育作为社会主义精神文明和政治文明建设的重要组成部分，为物质文明和政治文明建设提供强大的精神动力，并保证发展方向的正确性。

教育在保证物质文明建设坚持社会主义方向方面的作用主要通过以下几个途径实现。第一，宣传社会主义经济制度的优越性，教育人民自觉地维护社会主义经济制度。社会主义经济制度以生产资料公有制为主体，它保证了主要劳动成果归全体人民支配和享用，是人民当家作主的物质基础。如果社会主义基本经济制度遭到破坏，人民群众的根本利益就会受到损害。所以，必须利用教育手段教育人民，让他们清楚地认识到个人利益和社会主义基本经济制度的关系，并在实践中争取处理两者之间的关系，自觉地维护社会主义基本经济制度。第二，宣传党的路线、方针和政策，使广大人民群众正确理解并积极贯彻执行。党的路线、方针和政策是我们党为实现社会主义初级阶段每一历史时期的任务而制定的行动纲领，它集中体现了广大人民的意志和根本利益，是全国各族人民建设中国特色社会主义的行动指南。在经济建设中贯彻执行党的路线、方针和政策，就是坚持经济建设的社会主义方向。第三，加强教育能够保证"按劳分配"的原则在初次分配中得以正确地贯彻和执行。在初次分配中，"按劳分配"的原则和制度，对于克服不劳而获，处理好效率和公平的关系，正确处理国家、企业和个人利益相结合的物质利益关系，进行合理分配，有着重大作用。正确贯彻这一原则，必须加强教育。一方面，努力提高广大人们群众的思想认识和思想觉悟，彻底消除平均主义和吃大锅饭的错误思想观念，树立正确的价值观和劳动观。另一方面，还能制约现实社会在初次分配中存在的不顾国家利益把劳动果实分光吃尽的错误现象和不顾群众利益片面强调国家利益的错误作法，以保证"按劳分配"原则正确贯彻，巩固社会主义经济制度，促进社会主义经济建设。

（2）教育是提高经济效益，促进国民经济发展的重要思想保证

提高经济效益，促进国民经济发展是社会主义经济建设的核心问题，是考虑一切经济工作的基本出发点。只有提高经济效益，才能促进国民经济的发展，为社会主义社会创造雄厚的物质基础，最大限度地满足人民群众日益增长的物质需要。所谓提高经济效益，就是以尽量少的劳动消耗和物质消耗，生产出更好更多的符合社会需要的产品。以尽量少的

人力、物力、财力消耗，生产出质量好数量多的产品，以满足社会的需要。

要提高经济效益，促进国民经济发展，不仅要提高科学技术水平和经营管理水平，同时还要加强教育，提高管理者和劳动者的素质。实践证明，加强教育是提高经济效益的重要思想保证。这种保证作用主要体现在：一是能进一步端正经济工作的指导思想，使生产建设从实际出发，从中国的国情出发，按照科学发展规和经济规律办事；二是能增强经济管理干部的事业心，促使经济管理水平不断提高；三是能不断提高劳动者的责任心，使劳动者都能关心经济建设事业，自觉为提高经济效益作出贡献。

（3）教育是促进生产力发展的重要保证

社会主义的根本任务是解放生产力和发展生产力。生产力作为人们在物质生产活动中形成的解决社会与自然之间矛盾的实际能力，是人类改造自然使其适应人类社会需要的物质力量，它表明了人与自然的关系。生产力构成的实体性要素，由劳动对象、劳动资料和劳动者组成，其中劳动者的因素是最活跃的、起主导作用的因素。物的因素虽然在生产力中占有重要地位，但它只有被人所掌握、只有和劳动者结合起来才能形成现实的生产力。毛泽东说过："世间一切事物中，人是第一个可宝贵的。"生产中人的因素包括两个基本方面：一是人的劳动技能，主要是指劳动者对生产、技术、操作等规律的认识和掌握的程度；二是人的劳动积极性，主要是指劳动者的政治思想觉悟、劳动态度、事业心和责任心等。两个基本方面相互影响、相辅相成。人的劳动技能在生产力中起着重要作用。劳动者仅有劳动积极性，而没有一定的劳动技能，是搞不好生产的；同样，仅有劳动技能，而没有劳动积极性，缺乏责任心，也搞不好生产，甚至会阻碍生产的发展。

教育是提高人的思想觉悟和认识能力的工作，也就是通过提高劳动者思想政治素质促进生产力的解放和发展的工作。教育促进社会生产力的解放，关键在于对劳动者进行解放思想、更新观念创新思想教育。因为不适应当今经济发展的旧理念，往往是根深蒂固的，其影响已渗透在社会的各个方面，积淀在劳动者的思想深处，形成了强大的思想定势，表现出顽固的惰性。尤其是在社会转型、经济大发展时期，起着严重的阻碍作用。所以，要又好又快地发展社会主义经济，必须大力加强教育工作，使全体劳动者不断地解放思想，树立创新观念，以促进国民经济的发展。教育促进生产力的发展，必须解决好劳动者的思想政治觉悟问题。劳动者的思想政治觉悟和认识能力提高了，就会在生产劳动中发挥积极性和主动性；就会自觉地提高劳动效率，提高操作技能；就会积极学习文化知识，改进生产工具，革新工艺，采用新技术，积极参与经营管理，甚至在生产过程中作出重大发明创造，从而大大促进社会生产力的发展。可见，教育同解放生产力和发展生产力有着极为密切的关系。虽然教育工作不直接创造物质财富，但它通过提高劳动者的思想政治素质间接地创造物质财富，是促进社会生产力发展的精神动力，是物质文明建设不可缺少的重要环节。我们必须从发展社会生产力实现社会主义现代化这个高度来认识加强教育的重大意义，自觉地运用教育这一重要途径，促进社会生产力的大发展。

2. 教育在精神文明建设中的作用

教育是社会主义精神文明建设的一项重要工作，建设社会主义精神文明，离不开党的教育工作。

（1）精神文明的内容及其在社会主义建设中的地位

精神文明，从广义上讲，是指人类社会在历史发展过程中所创造的精神财富，是人们在改造客观世界过程中改造主观世界的成果，是社会的精神生产和精神生活发展的成果。它包括教育、科学、文化、艺术，又包括思想、道德、传统、风尚等意识形态。作为意识形态，它是一定社会的政治和经济的反映，对社会的政治、经济又具有巨大的反作用。

在社会发展的不同阶段中，有不同类型的精神文明。社会主义的精神文明，是以马克思主义为指导的精神文明。社会主义精神文明建设的基本内容，大体分为文化建设和思想建设两个方面。所谓文化建设主要指教育、科学、文学艺术、新闻出版、广播电视、卫生体育、图书馆、博物馆等各项文化事业的发展和人民群众文化水平的提高。同时还包括健康、愉快、生动活泼、丰富多彩的群众性娱乐活动，使人们在紧张劳动后的休息中，能得到高尚趣味的精神享受。所谓思想建设，主要指马克思主义的理论教育，无产阶级世界观的教育，共产主义理想信念和道德的教育，社会主义主人翁意识和集体主义思想的教育，社会主义的权利义务观念和组织纪律性的教育，为人民服务的献身精神和共产主义劳动态度的教育，以及爱国主义和国际主义的教育等等。概括起来说，最重要的就是理想、道德和纪律的教育。由此可以说，思想建设的过程，就是进行思想教育的过程，它决定着我国精神文明的社会主义性质。

（2）加强教育是建设社会主义精神文明的根本保证

既然社会主义精神文明建设关系着社会主义事业的兴衰成败，是新时期的战略任务之一，因此就必须认真抓好精神文明建设。建设社会主义精神文明要做的工作很多，但无论做哪一项工作，无论采取什么具体措施，都离不开教育。教育是建设社会主义精神文明的中心环节和根本保证。

加强教育是建设社会主义精神文明的根本条件。马克思列宁主义认为，社会主义的文化和社会主义的思想意识，都不会自发地产生和发展，而是通过无产阶级的先锋队——共产党的思想政治领导和教育，形成和发展起来的。如果离开了党的思想政治领导和教育工作，就根本不可能产生和建立社会主义的文化，就根本不可能确立社会主义的思想意识，也就根本不可能建设社会主义的精神文明。正是在这个意义上，可以说加强党的教育工作是建设社会主义精神文明的根本条件。

加强教育是培养和造就社会主义新人的根本途径。社会主义精神文明的建设，归根到底，就是要培养和造就社会主义的新人。所谓培养和造就社会主义的新人，就是指要培养和造就亿万有理想、有道德、有文化、有纪律的新人。所说的有理想，就是指社会主义、共产主义的崇高理想；所说的有道德，就是指社会主义和共产主义的道德；所说的有文化，就是指具有坚实的文化基础知识和现代科学技术；所说的有纪律，就是指自觉遵守党和国家所规定的政治纪律和组织纪律，同时也要遵守国家法令和法律。很明显，培养和造就这样的新人，主要靠强有力的教育工作，靠马克思列宁主义、毛泽东思想的教育，靠中国特色社会主义理论体系教育，靠科学发展观教育。离开了党的教育工作，就不可能培养和造就社会主义新人。

加强教育是保证文化建设事业的社会主义性质的根本措施。在社会主义精神文明建设中，一个重要的内容就是文化建设。文化建设在不同的社会制度下有不同的表现形态。教育、科学、文化等精神生产，是各种社会共有的一种生产。而我们社会主义国家的教育、科学、文化艺术、新闻出版、广播电视、卫生体育、图书馆、博物馆等文化事业单位，是在共产党领导下的社会主义精神生产部门。这些部门的工作，是在马克思列宁主义、毛泽东思想的指导下，特别是在中国特色社会主义理论体系指引下进行的；社会主义文化事业的建设，是在共产主义思想体系指导下实现的。教育在文化建设事业中的作用，就是保证党的四项基本原则和路线方针政策在这些单位中得到贯彻，以实现党的思想政治领导，使我们的教育、科学、文化事业都能保持社会主义的性质和方向，更好地为社会主义建设服务，为培养社会主义新人服务，为保障人民当家作主服务。从这个意义上讲，加强党的教育是保证文化建设社会主义性质的根本措施。

3. 教育在政治文明建设中的作用

社会主义政治文明的基本涵义是坚持四项基本原则、坚持社会主义方向，充分发挥人民群众的积极性和首创精神，创造发展民主团结、生动活泼、安定祥和的政治局面。核心是保障社会主义的民主与法制。

实现社会主义政治文明，从软环境层面看，必须借助教育，提高广大人们群众的思想认识和政治觉悟。

（1）教育是实现社会主义民主的保证

在社会主义社会，作为政治意识上的民主的核心，是人民当家作主，整个社会利益彰显人民群众的根本利益和基本需求。

当前，以我国民主状况的实际来看，民主的主要功能体现在维护广大人民群众的意愿和利益，保护和扶助弱势群体，健全民主机制，依法实行民主选举、民主决策、民主管理、民主监督，保障人民的知情权、参与权、表达权、监督权等方面。

社会主义社会民主的实行，是在法治的保障之下，通过教育实现的。通过教育，引导广大人民群众理解民主、掌握民主，学会用理性的形式表述自己的意志和利益要求，学会使用合法的手段解决利益矛盾。只有这样，才能真正地推进社会主义民主制度化、程序化，才能真正保证人民当家作主。

（2）教育是发展社会主义民主政治，实现社会公平正义的重要保证

随着我国经济社会的发展，全社会民主法制意识的增强，人民群众对维护和保障社会公平正义的期待越来越强烈，对促进和实现社会公平正义的要求越来越高。这就要求教育工作，一方面要从社会主义初级阶段基本国情出发，实施教育，引导人民群众树立社会主义民主法制、自由平等、公平正义理念，全面落实依法治国的基本方略，坚持公民在法

律面前一律平等，维护社会主义法制的统一、尊严和权威。另一方面，社会主义社会是法制社会，社会和谐需要人人遵纪守法作为维护条件。从这点看，社会主义社会依然是借助法律进行管理的社会形态。但此时法的强制性已经弱化了，教育、引导、管理等"软"手段的功能开始逐步上升到主导地位。这一转变突显出教育在法制建设中的宣传、教育的作用。特别是我国还处于社会主义初始阶段，法制建设也处在法规设计、制定阶段，大量新法的颁布实施，更是需要通过宣传教育，让广大人民群众知法、懂法、执法。做到人人都能自觉守法，人人都能自觉利用法律来维护自己的正当权利，维护社会的和谐安定，最终实现全社会的公平正义。

（二）新时期教育在构建和谐社会中的作用

中国共产党第十六届四中全会通过的《中共中央关于加强党的执政能力建设的决定》提出："坚持最广泛最充分地调动一切积极因素，不断提高构建社会主义和谐社会的能力"，"形成全体人民各尽其能，各得其所而又和谐相处的社会"。 2005 年 2 月 19 日，胡锦涛总书记在省部级主要领导干部提高构建社会主义和谐社会能力专题研讨班开班仪式上的讲话中明确指出："我们所要建设的社会主义和谐社会，应该是民主法治、公平正义、诚信友爱、充满活力、安定有序、人与自然和谐相处的社会。民主法治，就是社会主义民主得到充分发扬，依法治国基本方略得到切实落实，各方面积极因素得到广泛调动；公平正义，就是社会各方面的利益得到妥善协调，人民内部矛盾和其他社会矛盾得到正确处理，社会公平和正义得到切实维护和实现；诚信友爱，就是全社会互帮互助、诚实守信，全体人民平等友爱，融洽相处；充满活力，就是能够使一切有利于社会进步的创新愿望得到尊重，创新活动得到支持，创新才能得到发挥，创新成果得到肯定；安定有序，就是社会组织机制健全，社会管理完善，社会秩序良好，人民群众安居乐业，社会保持安定团结；人与自然和谐共处，就是生产发展，生活富裕，生态良好"。由此可见，和谐社会既是人与人之间、人与社会之间关系的和谐，也包括人与自然之间关系的和谐的社会。

新世纪新阶段，党把人类文明特别是中国传统文化所倡导和向往的和谐社会概念引用到社会主义现代化建设中来，并赋予崭新的含义，把构建社会主义和谐社会作为现代化建设的重要组成部分，这是我党自实行社会主义市场经济——建设社会主义法治国家——全面建设小康社会之后提出的又一个具有历史和现实意义的战略决策。

构建和谐社会离不开教育。教育工作在构建社会主义和谐社会中发挥着巨大的功能，起着不可替代的作用。主要体现在以下几个方面：

1. 教育具有协调社会矛盾，促进社会政治和谐的作用

教育通过协调社会政治领域内的矛盾，推动社会主义政治文明发展，从而实现社会政治和谐。首先，协调和处理执政党与民主党派之间的矛盾。执政党与参政的各民主党派之间存在着一定程度的政治的、经济的、思想的分歧和矛盾，这些分歧和矛盾仍属于人民内部不同党派和团体之间的矛盾，只能在民主的基础上，通过沟通、磋商、求同存异的方法加以解决，这实质上就是教育不断创新的方法。其次，处理和协调不同民族、不同信仰的人之间的矛盾。不同的民族、不同信仰的人们之间必然存在着大量的这样或那样的矛盾，这些矛盾的解决也离不开教育工作。最后，处理社会强势群体与弱势群体之间的矛盾。改革开放以来，随着收入差距的不断扩大，自然而然地形成了社会强势群体与弱势群体，进而构成了他们之间的对立和矛盾。强势群体中的极少数人凭借其经济、政治方面的优势来欺压处于弱势的人们，人为地制造不同层次人们之间的矛盾。相反，处于弱势群体的人们在生命安全受到威胁、经济利益受到损害后，又时时出现投诉无门的窘况，从而导致大规模人民群众越级上访，形成不利于社会稳定的潜在隐患。这些情况，可以通过教育的说

服、引导，及时化解矛盾；可以通过宣传教育，动员全社会关注弱势群体的生存状况，给予他们政治上、经济上和法律上的支持和帮助。同时，切实拓展他们的生存空间，维护他们的切身利益，从而在社会政治领域内确保社会稳定，实现社会和谐。

2. 教育具有协调社会利益矛盾，促进社会主义社会经济和谐的作用

教育通过调节经济领域内的矛盾，推动社会主义物质文明发展，实现社会经济和谐。随着我国改革开放和市场经济的深入发展，我国原有的社会利益格局正在进行深刻的调整、分化，出现了一些新的社会阶层和日益多样化的利益需求，产生了一些影响社会和谐的矛盾和问题。因此，协调人们之间的利益矛盾就成为教育的一项重要工作。人们奋斗所争取的一切都与他们的利益有关，社会各种矛盾的产生从根源上讲，都源自人们不同的利益。教育在协调各阶级各阶层的利益方面有着独到的作用。首先，通过教育，寻求各种所有制经济实体之间、不同所有制企业职工之间的思想联系，巩固强化人民心中的社会主义思想道德观念，协调坚持以公有制为主体与促进非公有制经济发展之间的矛盾。其次，通过教育工作调节贫富差别所引起的不满情绪，协调先富与后富、富人与穷人之间的情感矛盾。引导人们认可那些通过正当渠道合法经营富裕起来的人，学习他们勤劳致富、科学致富的有效方法，形成先富帮后富、后富追先富、共同富裕的和谐局面。

3. 教育具有整合社会各种思想矛盾，促进社会主义社会思想和谐的作用

教育通过整合人们的思想矛盾，推动社会主义"三个"文明发展，实现社会思想和谐。毛泽东曾经在《关于正确处理人民内部矛盾的问题》中指出，不同的人有不同的思想观念，形成不同的思想领域的矛盾，这属于思想问题、是非问题、人民内部矛盾的问题。"凡属于思想性质的问题，凡属于人民内部的争论问题，只能民主的方法去解决，只能用讨

论的方法、批评的方法、说服教育的方法去解决，而不能用强制的、压服的方法去解决。"这正是教育的基本方法。在教育的方法中，民主的方法、说服教育的方法主要发挥以下作用：首先，平衡心理，化解矛盾。改革开放以来，随着社会全面进步，人民生活水平显著提高，人民的精神生活和精神世界更加丰富，精神面貌焕然一新。但与此同时，社会生活的急剧变化，工作和生活节奏的明显加快，竞争的日趋激烈，也导致人们生活和工作压力增大，各种心理障碍大幅度增加，由此引发的社会问题和社会矛盾也日益突出。教育工作在缓解人的心理压力、促进人的心理平衡，化解人的思想矛盾，实现社会思想和谐中发挥着不可替代的作用。通过教育的途径，可以给人们提供精神支柱和人文关怀，从而达到解疑释惑、理顺情绪、平衡心态、化解矛盾的目的，进而为人民群众创造一个良好的心灵世界和精神家园，以达到思想认识趋于谐调，实现社会思想和谐。其次，协调理想与现实之间的矛盾。理想是人们追求的奋斗目标。理想按其性质划分，包括社会政治理想、道德理想、职业理想和生活理想。其中社会政治理想是一个人全部理想的核心，处在理想结构中的最高层次，起着主导和支配作用。因此，我们首先要确定崇高的社会政治理想，并在其主导下，确立道德理想、职业理想和生活理想，同时要把理想的各层次有机地结合起来，摆正各自的位置，使之相互促进并和谐发展。现实是现今存在着的客观事物。理想和现实是一种意识与存在的关系，两者是相互联系、相互作用和影响的。理想往往决定着人们对现实的认识、态度和改造的方向；现实则是理想的基础，理想的实现要以现实的改造为条件。在现实社会生活中，实现理想的实践往往受主客观条件的制约和限制很容易引发两者之间的矛盾。这就需要用教育，引导人们用辩证的观念来认识和对待现实，实事求是地看待现实生活中的光明面和阴暗面，分清主流和支流，树立构建社会主义和谐社会的共同理想必然实现的信心。同时，还能促进人们以主人翁的态度认识和处理现实生活中的具体问题，立志改革，勇于创新，脚踏实地的促进现实矛盾和现实问题的解决，逐步实现社会和谐。最后，协调人们道德认知与道德践行不一致的矛盾。在日常生活中存在着许多大家普遍认为不道德的现象，比如，公共场所乱扔果皮、纸屑，随地吐痰等。思想政治工作的目的之一就是要引导人们不断地从良好的道德认知产生良好的道德行为，达到知与行的统一，以建立和谐的社会秩序。

4. 教育具有改善人与人之间关系，实现人际和谐的作用

教育对于协调和改善人与人之间的关系具有不可忽视的作用。人是社会的人，在社会生活中会产生各种各样的人际关系。实现社会人与人之间关系的和谐是构建社会主义和谐社会的重要内容。首先，教育作为满足人的精神需求、提升人的精神境界、改善人的精神生活的重要活动，能赋予人们深切的人文关怀，帮助人们解决思想困惑和烦恼，缓释情绪，恢复心理平衡，引导人们以积极的心态面对生活，从而为人与人之间的交流融合和社会的和谐稳定，提供必要的前提条件。其次，教育担负着特殊的育人功能，能够强化人们的和谐合作观念，提高社会成员的道德和法律素质，帮助人们掌握各种调节人与人之间关系的社会规范和行为准则，从而在全社会倡导诚信友爱、团结互助、扶贫济困的良好风尚，促进社会主义新型人际关系的形成。再次，从一定意义上来说，教育乃是疏导和沟通的过程。在现实生活中，人们之间的许多隔阂是由于缺乏沟通所引起的。通过谈心对话、家庭走访，借助民主的、说服的、批评与自我批评的教育，能够沟通人际联系，加强人际交往，化解人际矛盾，增进人们间的相互了解和友谊，从而使人际关系得以协调和改善，实现人际和谐。

实现社会和谐，全面建成小康社会，这对于推进党的建设工程、实现中国特色社会主义具有长远的历史意义。只要我们始终坚持把教育作为构建社会主义和谐社会的生命线，充分发挥教育的特有作用和功能，

在中国特色社会主义的伟大实践中，"和谐社会"的共同理想必将逐步变成现实。

第二章 新时期教育管理面临的新挑战与现状分析

教育是一个社会历史范畴的概念。它是随着人类社会的发展，为维护一定社会统治阶级统治地位的需要而产生的。因此，它就和一定社会生活紧密相联，并在社会生活中占有重要地位，发挥其重要作用。我们党创建的教育工作模式，它的成效性是在长期的新民主主义革命和社会主义建设过程中获得的。然而，在新世纪新阶段，社会思想日益多元、多变的情况下，我们要通过增强社会主义意识形态的吸引力和凝聚力，提高主流意识形态对各种思想观念和社会思潮的整合能力，以此来团结和凝聚全体人民为实现理想而奋斗，为建设中国特色社会主义提供强大的精神动力和思想保证。对此，教育工作面临着严峻的挑战。

一、教育成效性的历史证明

毛泽东同志在《论联合政府》一文中明确提出："掌握思想教育是团结全党进行伟大政治斗争的中心环节。如果这个任务不解决，党的一切政治任务是不能完成的。"（《毛泽东选集》第 3 卷 p1095）这一论述，不仅是对中国共产党的教育工作历史经验的正确总结，而且它的基本含义就是：我们党进行各种伟大革命斗争，都必须坚持思想领先的原则，紧紧掌握教育这个中心环节，促使全党思想统一，行动一致，紧密团结，保证革命斗争任务的胜利完成。我国的民主革命、社会主义改造和社会主义建设的伟大实践，都已证明了教育工作的正确性是我国革命和建设取得胜利的重要保证。

（一）教育是促进民主革命胜利的根本保证

中国共产党在领导中国各族人民为推翻帝国主义、封建主义和官僚资本主义的新民主主义革命过程中，创建并始终坚持教育工作，不仅对革命阶级发挥着启蒙思想、提高觉悟、理论指导的重要作用，还对提高广大人们群众的思想觉悟，统一思想认识，统一革命行动，对保证新民主主义革命的胜利起到至关重要的作用。早在中国共产党创立初期就通过书籍、报刊和办工人夜校等方式宣传群众，为反帝反封建和民主革命打下了坚实的思想基础。第一次国内革命战争时期，在北伐军中开展了有力的教育工作，特别是党通过教育工作，改造了国民革命军，创建了叶挺独立团这样的"铁军"。第二次国内革命战争时期，通过"古田会议决议"，系统地总结了我党教育工作的经验，系统地提出了我党教育的根本方针、原则和方法，为党的教育工作奠定了理论基础。抗日战争时期，毛泽东同志主持完成的八路军留守兵团政治部《关于军队政治工作问题的报告》，是继"古田会议决议"之后我党又一个阐述教育工作的重要文件。这个时期，我们党开展了轰轰烈烈的延安整风运动，这是一次深刻的普及马克思主义的教育运动，也是一次成功的教育运动，为赢得抗战胜利奠定了坚实的思想基础。解放战争时期，我们党又通过开展两种命运、两种前途、保卫胜利果实教育和以"诉苦"、"三查"为中心的新式整军运动，为提高部队战斗力，夺取全国胜利奠定了政治思想基础。在这段历史时期，初步形成了坚持党的领导，坚决贯彻党的路线方针和政策，坚持马克思主义与中国革命实践相结合，相信和依靠群众，认真开展批评和自我批评等教育的传统经验和理论，保证新民主主义革命从胜利走向新的胜利。

（二）教育是社会主义革命和建设的生命线

在社会主义革命和建设时期，我们党的教育工作有成功经验，也有失误的教训。建国以来，教育工作大体经历了以下几个阶段：第一阶段，从新中国成立到 1956 年社会主义改造基本完成，这是建国后我们党教育工作富有成效的时期，各项教育活动都取得了相应的效果。第二阶段，从 1957 年反右斗争到"文革"前夕，在这段时期里，党的教育的主导方面是好的，但也出现了严重失误，特别是在指导思想上犯了片面强调"以阶级斗争为纲"、阶级斗争扩大化的错误。第三阶段，"文革"十年，这是党的教育工作遭受严重挫折和破坏的十年。林彪、"四人帮"反革命集团出于篡党夺权的目的，歪曲政治和经济的辩证统一关系，把抓生产当作唯生产力论批判，把按劳分配当作修正主义批判，把正常的业务学习当作智育第一和走白专道路批判，极力宣扬"宁要社会主义的草，不要资本主义的苗"、"卫星上天，红旗落地"等谬论，大力鼓吹"精神万能论"和"政治可以冲击其他"，给革命和生产带来了十分严重的损失。特别是，他们将教育当作整人的手段，对党内外的同志搞残酷斗争、无情打击，败坏了党的教育工作的声誉，造成了十分惨痛的后果。第四阶段，党的十一届三中全会以来至今。这是自从建党以来教育拨乱反正的重要时期，在指导思想上，教育工作从"以阶级斗争为纲"转到结合业务工作和实际工作一道去做，并且将教育当作一门科学加以研究，开创了教育生动活泼的新局面。历史的经验告诉我们，教育是社会主义革命和建设的生命线。一方面体现在社会主义革命过程中，特别是当今中国的改革开放中，教育工作为经济体制、政治体制改革解放思想、更新观念，为社会主义改革指明政治方向，提供理论依据和理论指导。另一方面，体现在经济建设中，教育为社会主义经济又好又快发展提供了强大的精神动力，为社会主义经济又好又快发展创造文明和谐的社会环境，是社会主义经济建设顺利进行的根本保证。再一方面体现在社会建设中，教育为构建和谐社会，用社会主义核心价值体系引领社会思潮，巩固全党全国人民团结奋斗的共同思想基础，为发展社会事业、促进社会公平正义、建设和谐文化、完善社会管理、增强社会创造活力，提供坚强的思想政治保障。因此说，思想政治工作是社会主义革命和建设事业的生命线。

二、"当前"教育成效性的缺失及分析

教育的成效性是指教育活动产生正向结果的效能属性，主要表现为教育活动在实现既定的教育目标上的程度以及受教育者思想行为的变化符合教育者主观要求的真实度。而教育成效性的缺失是指由于思想教育活动不能起到指导、解惑、规约社会现实的作用，特别是在引导受教育者的思想和规范其行为上不能表现出相应的正向结果，从而使人们对教育本身存在的价值、作用产生疑问，否认其在社会活动中应有的地位。

教育成效性的实现，以人们对教育价值的充分肯定为重要前提。而教育能否充分展开，直接与人们对教育价值的认识是否准确、深刻、全面等因素密切相关。当前，教育成效性的缺失主要表现为作用力和影响力弱化的现象。具体反映在以下几个方面：

（一）从教育的一般认识来看，主要表现为在地位上否认其"生命线"，作用上宣扬其"无用论"

对于教育的价值，马克思主义经典作家曾从多种角度进行过精辟阐述。在不同的历史时期，思想政治工作的历史作用和我们党对于教育的价值都给出过准确定位。然而，由于教育在一定历史时期所出现的失误和曲折，以及新时期教育的变革跟不上时代的步伐等原因。近些年来，不少人对于教育地位和作用的价值认识，发生了一些片面性的错误认识。有人囿于有限的感性经验，混淆教育在具体实施中出现的一些失误，将十一届三中全会以前教育中一度存在的把教育抬到"高于一切"、"统

帅一切"的地位，片面夸大教育的作用，宣扬"精神万能论"等脱离客观实际的"左"的影响、而且把当前教育中的个别或局部层面上仍延续的"假、大、空"，"高、远、难"等现象，概括为教育的一般特性，从而否定教育的客观价值，否认其"生命线"地位和宣扬"无用论"作用。甚至有人将教育曲解为思想控制，把教育与社会主义市场经济的发展、迎接知识经济的挑战所需要的人的自主性、主体性、创新精神的培养间接或直接地对立起来，片面地理解"以经济建设为中心"这个主题，肢解、甚至片面地宣传社会主义建设时期要"多谈些经济，少谈些政治"或"不谈政治"，进而否认教育在社会主义经济建设中的重要作用。

（二）从教育的实践操作层面来看，表现为教育工作者教育责任的淡化

在教育中，教育者和受教育者是一对相对独立的教育实体，也是构成教育的两个不可分割的关联因素。一般来说，教育者处于教育的指导地位，是实施教育的主体；受教育者处于教育的受纳地位，是接受教育的主体。在教育中，要取得预期的教育效果，教育的指导作用是十分重要的。但近些年，随着教育主体地位的弱化，以及对教育的实际重视程度明显减弱，促使一些领导干部和教育者将教育的重要性"形式化"，总是停留在工作总结与汇报的前言中，停留在会议报告的开场白中，而在实际工作中却往往"实功虚作"，不予重视；将教育应有的组织资源和物质资源"空洞化"。在这种片面与错误认识影响下，一些教育者缺乏职业意识、敬业精神，导致责任淡化，临时观念增强，造成了教育阵地的萎缩、工作力度的退减、教育影响力与战斗力的弱化。

（三）从教育的外在环境考察，现实的教育面临着社会现实中多种价值取向的冲击，出现与主流思想相背离的情况

"民主"、"开放"、"个性"成为当今社会所追求的共同目标。在信息高度发达的当今时代，全球范围的各种思潮、文化、信仰和价值

观蜂拥而至，在丰富人们的知识、拓展人们视野的同时，也增加了选择时的困惑与彷徨。特别是年轻一代，他们对新鲜事物十分敏感，具有较强的接受能力，这就会使得他将所接受到的信息无选择地兼收并蓄。问题是，青年正处于人生观、世界观和价值观形成的关键时期，由于他们没有掌握筛选和过滤信息的正确标准和科学方法，加之缺乏社会实践经验。因此，在面对众多的价值取向时，就会容易出现忽左忽右的现象，甚至会出现与我们所提倡的主流思想相背离的情况。

（四）从教育的目标、内容考察，当前的教育脱离生活实际，不能走进受教育者的心灵，导致教育成效性跌落

我们的教育，虽然一直强调理论联系实际、深入人民群众，也确实在社会主义革命和建设中发挥了不可否认的巨大作用，直至今天仍然具有"生命线"的意义。但是我们也应理性地看到，30年来，在改革开放建设中国特色社会主义社会中，教育确实没有完全依据中国特色社会主义建设的客观要求，创建与之相适应的教育体系；没有完全准确地针对经济社会发展变化中的现实问题和人们心理问题与思想问题，开创新时期教育的新思路、新途径；在很大程度上仍然囿于传统的思维，采用传统的方法、模式，表现出教育目标理想化、圣人化，只注重方向性，缺乏时代性、层次性和生动性，目标过高而未能贴近受教育者的身心发展实际，在一定程度上存在"假、大、空"、"高、远、难"的弊端。教育内容过于理论化、原则化，重"应是"的理论灌输，而缺少从"应是"到"实事"的理论指引，不能让受教育者学会在客观现实的大背景下去思考，去创造。所以，一度教育流于形式，没有实际的真心呼唤，造成了与活生生的现实的剥离。其结果是使人们只知道未来"标准的"生活是什么，而不知道现实生活该怎样度过。这种以追求"标准生活"为取向的教育不仅是使教育内容未走进现实生活，未走进受教育者的心灵，实效性大打折扣。

（五）从教育的方法手段考察，教育手段过于简单化，造成了教育的低效

"灌输性"是教育的手段特点之一，灌输性强调的是教育方式方法的显性意识，灌输的方法在教育过程中，特别是在特殊时期能够发挥巨大的成效作用。但如果长此下去，把这种方式方法绝对化了，绝对地采取"自上而下"的灌输教育，将教育者看作教育过程的主宰，把受教育者看作是"被给予"的"水桶"，将受教育者置于被动的接受地位，将教育活动看作是教育者对受教育者的单向灌输活动，形成了"权力—服从"关系。在这样的教育活动中，受教育者的自主发展和创造性遭到压抑，导致了受教育者主体性的消泯，虽然短期之内有利于社会秩序的稳定，却容易扼杀人的进取心和创造能力，不利于个体的发展。另外，传统教育的任务往往单向灌输，向人们灌输社会的政治思想和道德规范，忽视培养人的个性和能力。因而教育中简单说教、硬性灌输的现象比较普遍，忽视了引导受教育者自我发展、自我完善。教育方法的选择和应用往往从教育者自身条件出发，不考虑受教育者的兴趣、爱好、思想道德水平和理解接受能力，在教育中一直是重理论灌输、道德说教，轻能力培养、行为养成。其结果使受教育者知行脱节，知识的优势不能转化为人格的素质和实际行动，在实际生活中表现为多重人格，"当面一套，背后一套"，造成了教育的低效。

由此可见，当前思想政治工作的薄弱环节主要体现在教育成效性的缺失上。在新世纪我们党提出了构建社会主义和谐社会的伟大战略，面对这样的战略任务，针对教育理论认识和实践操作等层面上的一些问题，我们不能不进行深刻的思考，自觉回应社会现实生活中提出的相关重要理论与现实问题。

三、教育面临的新挑战

在高举中国特色社会主义伟大旗帜，以邓小平理论和"三个代表"重要思想为指导，深入贯彻落实科学发展观，继续解放思想，坚持改革开放，推动科学发展，促进社会和谐的新的历史时期，我们必须立足社会主义初级阶段这个最大的实际，面对思想大活跃、理念大碰撞、文化大交融的现实，以及人的思想活动的独立性、选择性、多变性、差异性明显增强的现状，科学分析教育面对的新机遇新挑战，全面认识教育的新任务，深刻把握教育面临的新课题新矛盾，不断改进和创新教育工作，增强实效性是当前具有重大理论与现实意义的课题。

（一）经济体制改革对教育的挑战

在新的历史时期，随着经济体制改革的深化，新旧体制、新旧观念的转换，必然要引起人们的思维方法、生活方式、价值观念的变化，许多新情况、新问题必然会随之而来，甚至很难预料，教育面临着严峻的挑战。

1.在社会主义市场经济条件下，片面追求个人利益的倾向给教育带来新难度

在社会主义市场经济条件下，市场经济所特有的利益激励及竞争压力等作用，会使社会主义经济有更充分的活力和生机，促进企业的技术进步和经营管理水平的提高，增强劳动者的生产积极性和主动性，从而为整个经济发展注入新的动力，促进社会主义经济的大发展。但是，在社会主义市场经济中，个人利益仍然是人们从事经济活动的基本动力。这种动力，会促使人的自我丧失和物化倾向的加剧，使社会生活在一定程度上呈现出片面追求个人物质利益的倾向。导致人们脱离客观实际满足物欲的膨胀，容易引发社会主义核心价值体系与追求个人价值之间的矛盾，使教育所宣传的公理、正义、集体主义、社会主义道德、共产主义道德好像是空中楼阁，脱离满足个人需求的实际，严重的影响着教育

的成效性。市场经济的（个人）利益最大化特点，往往使人们对集体主义不屑一顾，认为集体主义是假大空，而个人利益被看成是最重要和最实在的东西。如何在激流汹涌的社会主义市场经济大潮中扭转教育面临的窘境是教育工作面临的巨大挑战。

2.利益矛盾和利益冲突给教育工作带来许多新情况、新问题

随着改革的深化，我国已经出现了经济成分多样化、经济利益多样化、社会组织多样化、社会阶层多样化、就业方式多样化、分配形式多样化等新情况。社会结构发生的这些新的重大变化，是改革开放特别是社会主义市场经济发展的必然结果，也是中国特色社会主义事业蓬勃发展的重要体现。但是，差异产生矛盾。不同的利益主体、不同的价值观念、不同的行为模式必然产生不同的利益诉求，不同的利益诉求必然会带来利益矛盾和利益冲突。在这种情况下，教育如何准确把握不同阶层、不同群体的利益关系和由此引发的各种思想问题，实施以人为本的引导教育和疏导教育，将是教育面临的新问题和新挑战。

3.贫富差距的不断拉大加大了教育的艰巨性

我国在经济体制改革的初期，国家提出了允许一部分人通过诚实劳动、合法经营先富起来，以先富带动后富，最终实现共同富裕的政策并坚持"效率优先，兼顾公平"的价值取向。在这种政策指导下，计划经济时期收入分配的平均主义逐渐被打破，社会各阶层都在社会主义市场经济的建立和发展中受到了经济利益的极大激励，创造了前所未有的社会生产力发展速度，各阶层的实际收入也较计划经济时期有了较大的增长。但是，由于经济体制转型过程中出现了错综复杂的情况，收入分配的变化没有完全按预定的设想推进，在一定程度上偏离了社会公正的原则，致使利益格局失衡，贫富差距急剧拉大，导致贫富人群之间的矛盾加深。一是一部分人的腐败和非法致富造成人民群众强烈的不满，并在心理和思想上将现实中的贫富差距进一步放大。二是农民的劳动比较利

益过低，收入提高受阻，增长速度过慢，以及国有企业职工的失业下岗，致使这两个最基本的社会阶层中的相当一部分人产生了被剥夺感。三是由贫富差距扩大而导致的贫困阶层的绝对利益下降，其社会心理后果将是令人难以承受的。因此，面对这种现实和可能发展的趋势，教育如何提高说服力和影响力，如何注重人文关怀和心理疏导，都将加大其艰巨性。

4.社会阶层结构的分化所导致的利益和观念的巨大差异，增加了教育的复杂性

改革开放以来，随着经济社会的转型，多种经济成分的出现和产业结构的变化，出现了工人和农民以外的新的社会阶层。如以自己劳动为主的加工、运输、修理人员等组成的个体经营者阶层；私人创办的雇工经营的私人企业主阶层；以从事一定职业的脑力劳动为生的自由职业者阶层；以一定的专业知识向政府、企业、社会提供专业服务机构从业人员阶层。此外，还有以城镇无业、失业、半失业者为主体的边缘群体等。由于阶层的分化和重组，各个阶层在经济利益、政治地位等各方面形成了差别和矛盾。在现阶段，社会阶层的分化使社会处于高分化、低整合的状态下，各阶层之间以及各阶层内部的矛盾表现出非常复杂的形态，从而增加了教育的复杂性。

5.市场经济条件下人们思想道德观念的扭曲给教育工作带来巨大冲击

社会主义市场经济的建立和发展，对人们的思想观念、生活方式和价值取向产生了深刻影响。它不仅大大增强了人们的自立意识、竞争意识、民主法制意识和开拓创新精神，大大调动了人们的积极性、主动性和创造性，极大地推动了经济发展和社会进步。同时，市场经济的天然缺陷及市场经济活动的一些消极影响，不可避免地反映到人们的思想中来，反映到人与人之间的关系上来，从而导致一部分人和一些领域道德

失范、诚信缺失，假冒伪劣盛行，黄赌毒泛滥，拜金主义、享乐主义、极端个人主义和消极腐败现象滋生蔓延。这已成为在社会主义市场经济条件下，影响社会和谐发展的突出问题。教育工作如何适应社会主义市场经济发展的客观要求，紧紧抓住影响社会和谐发展的突出问题，打破传统的思维模式和教育方法，坚持以人为本的宗旨，实现与时俱进的创新，已成为新时期教育工作面临的最迫切的挑战。

（二）对外开放对教育的挑战

进入 21 世纪之后，我国对外开放正面临着新的形势，这种新形势既蕴含着新的机遇和条件，也包含着新的挑战和困难。其中教育工作面对的挑战主要表现在以下几个方面：

1. 坚持对外开放的社会主义方向对教育的挑战

当今世界，除极少数社会主义国家外，都是资本主义性质或以资本主义为走向的国家；当今世界经济和世界市场及其运行规则都是以西方发达资本主义国家为主导。在这样的国际政治经济环境中我们实行对外开放政策，会不会因与资本主义国家发生经济、政治、文化交往而改变其社会经济性质呢？大量的事实证明，西方敌对势力不仅这样期盼，更是力图通过"西化"、"分化"、"颜色革命"对社会主义国家实行和平演变。而且随着国门的打开、对外开放的不断扩大，资本主义形形色色的腐朽没落的东西，通过各种渠道渗透到我国的社会经济生活中来，潜移默化地毒害着人民群众。早在改革开放初期，邓小平就明确指出："我们必须坚持对外开放，对内搞活经济这一手。但是为了保证这个政策在贯彻执行过程中能够真正有利于四化建设，能够不脱离社会主义方向，就必须同时还有另外一手，这就是打击经济犯罪活动。没有这一手，就没有制约。"（《邓小平文选》第 2 卷 P409）为了防范和抵制各种丑恶颓废的东西，还必须加强社会主义精神文明建设，教育人民，特别是教育干部和广大青少年，要坚持四项基本原则，保证对外开放沿着社会主义方向健康发展。因此，教育面临着艰巨的挑战和困难。

2.吸收和借鉴人类文明成果对教育的挑战

社会主义的根本任务是解放和发展社会生产力，创造出比资本主义更高的劳动生产率，更高的物质文明和精神文明。1956年毛泽东在谈到中外关系时明确提出："我们的方针是，一切民族、一切国家的长处都要学，政治、经济、科学、技术、文学、艺术的一切真正好的东西都要学。"（《毛泽东著作选读》下册 P740）1992年，邓小平进一步明确地提出："社会主义要赢得与资本主义相比较的优势，就必须大胆吸收和借鉴人类社会创造的一切文明成果，吸收和借鉴当今世界各国包括资本主义发达国家的一切反映现代社会化生产规律的先进经营方式、管理方法。"（《邓小平文选》第3卷 p373）可以说，只有吸收和利用了全人类的文明成果，社会主义才会更加生机勃勃、充满活力，社会主义的优越性才能充分发挥，社会主义的吸引力也才会不断增强。如果我们老是害怕对外开放损害社会主义，缩手缩脚，欲进又退，将会使我们错失机遇，徘徊于人类文明发展的历史潮流之外，那样才真的会损害社会主义。但是，我们在吸收和借鉴人类文明成果中必须坚持有益于社会主义的正确方针。如果把握不当，确实也会对社会主义造成不利影响，甚至会葬送社会主义。苏东社会主义国家的毁灭，警示我们，在对外开放中，对外国的东西要进行分析，作出鉴别：哪些是人类创造的文明成果，哪些是资本主义丑恶颓废的东西。哪些成果能为我所用，哪些东西必须防范和抵制。因为，资产阶级对于社会主义制度从一开始就持反对和仇恨的态度，企图把社会主义扼杀在摇篮之中。因此，多少年来从未放弃用封锁、制裁、干涉、侵略、"颜色革命"等手段，力图消灭社会主义，并利用社会主义国家的对外开放、吸收和借鉴人类文明成果之机，大肆宣扬资产阶级的价值理念。对此，正确认识对外开放过程对人们思想的影响，正确认识当今国际环境和国际政治斗争带来的影响，就成为当今教育工作的重大课题。

（三）经济全球化对教育的挑战

经济全球一体化是 21 世纪世界经济发展趋势的特点之一，是一个不以人的意志为转移的历史进程结果。经济全球一体化最直观地从经济领域表现出来，并渗透到社会、政治、思想、文化等诸多领域，改变着人们的生活状态和思想观念。我国加入 WTO 后，参与全球竞争的领域更广、层次更高、交流更频繁，这大大刺激了西方资本主义国家舆论界对华报道呈现"负面色彩"。从而给我国的意识形态工作造成了前所未有的冲击和影响，这必然给教育工作带来全新的挑战。

经济全球一体化给我国教育带来的挑战主要有以下几个方面：

1. 对教育方法的挑战

经济全球一体化时代，人们生活在一个价值取向多元的、开放的信息环境中，而且受到的影响是全方位、多渠道的。面对新的情况，传统的单一"说教式"的灌输模式显然已经变得不合时宜。这种"灌输式"的教育方法，把教育和知识教育混同起来，漠视受教育者的主体性，背离教育的规律性。因为，人们的思想和世界观总是要受环境和外界各种思想的影响，并在这种影响下发展和变化；现实生活中的每一个人，不是受到这种思潮的影响，就是受到那种思潮的影响，尤其是在经济全球一体化进程中表现出更为突出。因此，如果我们不抓住正面教育这个环节，对受教育者进行必要的、先入为主的引导，受教育者就会通过别的渠道获取别的影响，甚至得到与我们教育的宗旨完全相反的东西，从而对我们的教育造成不利的影响，使教育失去实效性。

2. 对教育内容的挑战

在知识经济时代和信息化社会中，人们充满了对知识和信息的渴求，并且能便捷地获得大量的知识和信息。这些使得人们不再满足于传统教育的理论教条，一方面会因其知识陈旧和信息量小而失去兴趣。另一方面，面对铺天盖地的各种各样的知识和信息往往也会感到茫然。特别是青少年学生，他们仅凭自身的理论水平和分析能力还无法对获得的知识和信息进行有效地梳理和整合，迫切需要帮助和指导，以形成正确的世界观、价值观与人生观。这就要求教育在内容上要创新，更新和加大信息量，同时尽可能注重教育内容的科学性与通俗性、现实性与历史性、政治性与伦理性、民族性与世界性的有机结合。

3. 对教育工作者素质的挑战

教育工作者的素质优劣直接影响到教育的质量和效果。传统的教育者处于一种信息优势的地位，在教育过程中比较容易树立威信，得到受教育者的尊重，这样就有利于教育工作的顺利开展。但是，在经济全球一体化的"信息爆炸"时代，人们通过网络随时都可以检索到各种信息。而当今的教育工作者中却有相当一部分人没有受过系统的计算机和英语教育，面对迅猛发展的计算机和网络科技往往手足无措。在这种情况下，要想做好教育工作，就要求教育者加强对信息化社会特点和规律的研究，不断提高个人的综合素质和教育技能，以适应形势发展的需要。

（四）网络化对教育的挑战

21 世纪是网络的世纪。网络具有时效性、开放性、虚拟性、互动性、隐匿性、随意性和不可控性等七大特点，从而形成了信息丰富、传播迅速、影响广泛、能控率低、参与平等、服务个性化等网络文化特征，使网络文化有着其他任何类型的传媒文化所无法比拟的影响力。网络给我们的教育带来了前所未有的机遇，在网络时代教育工作不仅能同网络相结合，还能利用互联网这种新的认知工具、新的交流方式提高传播社会主义先进文化的能力，增强社会主义意识形态的吸引力和凝聚力，使教育具有更强的生机和活力。因此，要把发展积极健康的网络文化作为提高教育的新引擎，努力使互联网成为传播社会主义先进文化的新阵地、开展教育的新平台，人们健康精神文化生活的新空间，对各领域的教育工作提出了挑战。

1. 对原有价值观念、道德观念和行为准则的挑战

网络是一个没有边际的开放的自由世界，各种不同的思想文化、价值观念在网上汇聚交织。西方发达资本主义国家借助其先进的信息技术向全球输出其政治、文化、价值观、道德观和生活方式，对社会主义国家在思想意态领域进行"西化"和"分化"的渗透。由于网络环境还没有形成系统的法律规范，因此，网上行为主要取决于网络使用者的思想水平、法纪观念和道德责任感。再者，网络行为具有虚拟性的特点，约束不力，会造成道德责任的削弱和自由意识的泛滥，容易导致道德法律观念的淡化。此外，网络传播所载送的西方文化产品和价值观念，无处不在地动摇着人们既有的生活方式、行为准则，从而造成人们价值标准的混乱和精神困惑。

2. 对教育内容的挑战

教育是以政治思想为核心与重点的思想教育、道德教育和心理教育的综合教育实践，其主要内容包括世界观、人生观、价值观、政治观和法制观教育等。目前，互联网没有中心控制系统，信息的发布和使用没有限制，人们从网络中获得的对其思想观念有影响的信息内容，远远超出了现行的教育的内容，这无疑会对现行政治思想教育的内容提出挑战。

3. 对教育形式和手段的挑战

网络的时空开放性使每个人在任何闲暇时间、任何地点都可获取信息；网络的交互性和匿名性，使人们在更加广阔的自由空间进行交流；而网络的多媒体性和交互性，使网上的信息更加丰富多彩。互联网雅俗共赏，内容丰富，信息量大，影响面广，新知识多，传递速度快，观点开放，气氛轻松自如，尤其会使天性好奇、好学、爱好刺激的青年人对其情有独钟。他们通过 E-mail 互相联系，广交朋友，搜索最新的科技信

息，新闻动态，也利用电脑和网络带来的逼真刺激的游戏打发闲暇时光，这些都对人们产生了巨大的吸引力。这对我们传统的教育形式和手段都是不小的挑战。

4. 对思想政治工作者素质的挑战

网络是由人来创造和管理的，而思想政治工作者对网络这一新的信息化平台的熟悉、掌握和运用，他们的创造力和想象力决定了对教育工作网络的使用和发展。因此，教育工作者熟悉网络、更新知识、提高素质是迎接网络时代挑战的一个重要课题。教育是通过思想政治工作者进行的，思想政治工作者的素质，直接影响到教育的实效。在传统的教育过程中，教育者处于一种信息优势的地位，通过这种信息优势，得到受教育者的尊重，从而有利于教育工作的开展。但是，在网络信息时代，教育者的信息优势失去主导地位。受教育者通过网络可以方便快捷地检索下载各种信息。而部分教育工作者却是"计算机盲"，缺乏网络技术，很难从网上查询信息。教育者这时候却面临信息劣势的境地。这种情况很难把握受教育对象的思想脉搏，势必会在教育工作中处于被动的局面。

总之，互联网络这种新型媒体的出现和迅猛发展，既是对传统传媒方式的挑战，也是对以传统传媒方式为主要教育手段的教育工作的挑战。网络信息的复杂多样性，容易诱发一些新的思想、心理和道德问题，对教育的内容、形式和方法提出了新的要求。网络信息传播平台的技术性，要求教育工作者必须学习掌握网络信息传播的基本技术，对教育工作者的素质提出了更高的要求。

（五）构建社会主义和谐社会对教育的挑战

党的十六届四中全会提出了构建社会主义和谐社会的新理念，六中全会又作出构建社会主义和谐社会若干重大问题的决定。决定明确了构建社会主义和谐社会的指导思想、目标任务和原则。我们构建社会主义和谐社会，是在工业化、城市化和现代化的过程中，在全面扩大对外开放、迎接全球化浪潮的背景下，在体制机制实现重大转轨，市场取向的改革不断深化的条件下，在人民群众的民主意识日益增强、社会诉求日益增多，多种思想文化观念的碰撞日益强烈的情况下进行的。这种客观现实将给教育工作带来一系列新情况新问题、新挑战。

1. 实现人与经济的和谐，对教育工作的挑战

社会主义和谐社会，是一个物质文明发达、全社会共同富裕的社会。物质文明为和谐社会奠定物质基础。邓小平曾科学地概括："在社会主义国家，一个真正的马克思主义政党在执政以后，一定要致力于发展生产力，并在这个基础上逐步提高人民的生活水平。这就是建设物质文明。"（《邓小平文选》第三卷 p28）建设物质文明关键在于实现人与经济关系的和谐。在社会主义初级阶段，人与经济的关系所要求的和谐，主要表现在：一方面，社会主义社会经济的发展，是为整个社会与人的发展打下雄厚的物质基础，社会财富公平公正地分配给社会成员，最大限度地满足人们不断增长的物质需要。另一方面，每个社会成员的积极性、创造性都被不断激发，人们都能普遍认识到，为社会创造更丰富的物质财富，也是为自己创造更多的财富。因此，根据这种和谐的客观要求，协调人与经济的关系，激发广大人民群众的积极性和创造性，促进社会生产力的解放和发展，实现人与经济关系的和谐，已成为加强和改进教育工作的重要任务。

2. 实现人与政治的和谐，对教育工作的挑战

社会主义和谐社会，必须由政治文明为其创造良好的社会环境。政治文明作为人们改造社会所获得的政治成果的总和，是在一定社会形态中关于民主、自由、平等以及人的解放实现程度，即人与政治关系和谐的体现。在社会主义社会人与政治的关系所要求的和谐，主要体现在：一方面，社会的政治应该从广大人民群众的普遍需求出发，创建适于他们生存、发展的自由民主环境。因此，执政党所执行的政治主张，包括

制定的路线、方针、政策，以最广大人民的根本利益为出发点与归宿，既有利于促进社会的良性发展，又符合社会大多数人发展的需要。另一方面，人民群众与社会主义社会有趋同的信仰与追求，人民群众与社会公仆有平等对话的机会，人民群众能够决定自己的命运与发展方向，对执政党所倡导的政治理念有着广泛的认同感，并积极拥护、努力参与到政治文明的建设中去。如何依据这种和谐的客观要求，协调人与政治的关系，增强人民当家作主的主人翁意识和执政者为民服务的责任意识，实现人与政治关系的和谐，已成为当今教育工作必须认真研究、探索、创新的重大课题。

3.实现人与文化的和谐，对教育工作的挑战

社会主义和谐社会，必须由精神文明为其创建智力体系。实现社会和谐，不仅需要雄厚的物质基础、可靠的政治保障，也需要有力的精神支撑、良好的文化氛围。因此，党的十六大报告明确指出："建设和谐文化，巩固社会和谐的思想道德基础。"和谐文化实际上它所体现的就是人与文化的关系，它所要求的和谐，一方面，社会主义文化的发展能够满足人民群众在文化、精神方面的需求，文化成为社会政治经济发展的智力支撑，成为人与社会的核心竞争力。另一方面，人们在文化中能够得到自己所需要的知识，并将其转变成自己的精神营养，提升自己的思想品位，从而形成创造物质财富的能力和创新文化的能力。教育工作的根本任务就是根据人与文化关系和谐的客观要求，充分发挥教育、引导、疏导等特有功能，促进社会主义文化培养理想信念，塑造道德灵魂，提供思想保证、精神动力和智力支持。丰富文化生活，实现人与文化关系的和谐，这已成为教育工作在构建和谐社会中必须认真解决的现实问题和实际问题。

（六）社会心态失衡对政治思想教育的挑战

随着经济体制改革，我国的经济制度向社会主义市场经济体制转型，使社会结构发生了整体性、根本性的变革。面对这一变革，每一个社会成员都在调整自己的心态，努力增强开放意识、竞争意识、自主意识、平衡意识等，以适应朝着现代化方向发展的重大变革。但是由于在这一变革过程中出现的种种不公正现象，人们难以对之作出合理的解释，因此，社会心态失衡问题凸现出来，在公众中得以蔓延。突出表现在：一是愤懑不平感。面对官场上以权谋私的种种腐败现象和社会上各种不正之风，一些人运用非法手段暴富，一些垄断部门和行业取得额外的高收入，一些人近水楼台轻易占有大量社会资源，对此不少社会成员对照自己的处境，感觉受到不公正待遇和社会不公，由此产生愤懑不平的情绪。二是不安全感。在经济体制改革中，全民所有制企业和集体所有制企业改制、兼并，以及国有企业内部推行"减员增效"的措施，就业从计划分配转向劳动力市场，下岗失业成为现实威胁，而社会保障体系又不够健全，不少劳动者存在不安全感，甚至是危机感。三是失落感。由于分配制度的改革，"脑体倒挂"现象基本克服，但脑力劳动者和体力劳动者之间的收入差距还有进一步扩大的趋势；新兴社会阶层的崛起，其中相当一部分人取得较高的收入；由于普通劳动者的民主权利没有真正落实，他们的社会地位和声誉事实上有所下降，因此，相当一部分体力劳动者对照过去的情况，存在失落感。四是无可奈何感。面对社会上种种不公正现象，不少社会成员感到自己缺乏社会资源，改变不了这种社会现状，因而采取消极的无可奈何的态度。

所有这些失衡的社会心态，需要教育工作下大气力去缓解，去疏通，去弥合，去平衡。但遗憾的是有些教育工作，往往忽略了受教育者心理方面的教育，使教育失去受教育者接受教育的心理基础和解决思想问题的心理因素，造成解决思想问题与解决心理问题相脱节，失去教育工作的实效性。

四、教育理念与方法的与时俱进

"与时俱进"就是与变化了的客观事物和变化着的社会一起前进，它包含着深刻的内涵。对于教育工作而言，"与时俱进"体现了唯物辩证法关于事物运动、发展、变化的思想，它要求我们的教育工作必须随着社会的进步，时代的发展而不断地丰富、发展和创新，不断地开辟新领域，进入新境界，指导新实践，解决新问题。

（一）确立适应社会主义和谐社会的教育理念

党的十六大报告明确把社会更加和谐列为全面建设小康社会的一个重要目标。十六大以来，我们党对社会和谐的认识不断深化。十六届四中全会进一步提出了构建社会主义和谐社会的任务，把不断提高构建社会主义和谐社会的能力确定为加强党的执政能力建设的重要内容。构建和谐社会与社会主义精神文明建设密不可分，作为社会主义精神文明建设的重要组成部分——教育，理所当然成为构建社会主义和谐社会的一项重要工作。这就要求我们重视发挥教育的职能，为社会主义和谐社会的建构提供坚实的思想基础和强大的精神动力。

1.构建社会主义和谐社会对当前教育的客观要求

教育作为社会主义精神文明建设的重要组成部分，对构建社会主义和谐社会发挥着重要作用。在构建社会主义和谐社会中必须看到，随着经济体制深刻变革，社会结构深刻变动，利益格局深刻调整，思想观念深刻变化所造成一些不和谐的矛盾和问题，对教育工作提出了极大的挑战。面对挑战，加强和改进教育工作，坚持以人为本，促进和谐发展，是构建社会主义和谐社会的必然的客观要求。

（1）对当前教育体系方面的要求

社会主义和谐社会是民主法治、公平正义、诚信友爱、充满活力、安定有序、人与自然和谐相处的社会。要实现这种理想状态，就教育工作而言，必须按照构建和谐社会的现实要求，创建教育适应社会和谐的科学体系。一是要创建和谐的工作体系。要以建设社会主义核心价值体系，形成全民族奋发向上的精神力量和团结和睦的精神纽带为原则，创建和谐的教育工作体系，着眼于增强公民、企业、各种组织的社会责任，把和谐单位、和谐家庭、和谐社会等和谐创建活动同教育活动有机地结合起来。建立起协调的、高效的教育网络，并通过各教育主体之间的合力，实现教育目标的和谐与全面发展。二是要创建和谐的服务体系。坚持以人为本，要把实现好、维护好、发展好最广大人民的根本利益作为教育工作的出发点和落脚点。在构建和谐社会中，必须把建立和谐的服务体系作为一项重要内容，纳入到教育工作总体规划中，并在教育实践中增强服务意识，提高服务质量，提升教育的吸引力和感召力，促进人的全面和谐发展。三是要创建和谐的育人体系。要以倡导和谐精神，培育和谐理念，进一步形成全社会共同的理想信念和道德规范，打牢全党全国各族人民团结奋斗的思想道德基础，创建和谐的教育工作育人体系。

（2）对当前教育内容方面的要求

作为一种理想目标，社会主义和谐社会是中华民族对未来社会生活的美好向往和不懈追求。从根本上讲，和谐社会是指人与人、人与社会、人与自然、人与政治之间关系全面和谐的社会。因此，建设和谐社会，就是解决现实社会中这些关系中的矛盾对立问题，使之成为相互促进的关系。其中，人与人的和谐是构建和谐社会的核心，也是人与社会、人与自然、人与政治和谐的产物。这就对当前开展教育的内容提出了新的要求。一是以理想信念教育为核心，帮助人们树立正确的世界观、人生观和价值观，能够正确地处理个人与社会、个人与自然的复杂关系，进而积极地从事学习、工作和生产等实践活动，这是社会主义和谐社会的内涵之所在。二是以基本道德规范为基础，深入进行公民道德教育，引导公民自觉遵守"爱国守法、明礼诚信、团结友爱、勤俭自强、敬业奉献"的基本道德规范，帮助他们树立良好的道德品质和文明行为，从而不断提高他们的思想道德境界，为构建和谐社会添砖加瓦。三是以爱国主义教育为重点，深入进行公民素质教育，增强和提高民族自尊心、自信心和自豪感，促进思想道德素质、科学文化素质和健康素质的协调发展，为构建社会主义和谐社会而不懈努力。四是以社会主义民主政治教育为导向，引导人民群众，依法行使当家作主的权利，履行知情权、参与权、表达权、监督权的职责和义务，积极推进政治体制改革，为构建和谐社会提供有力的政治保障。

（3）对当前教育方式方法的要求

教育工作历来是围绕党的中心工作、根本任务进行的，作为意识形态领域里的工作，其根本目的是通过启发人的自觉性，调动人的积极性，激发人的创造性为经济建设服务，促进社会生产力的解放和发展。教育方法，是教育者在进行教育过程中为实现特定的教育目的、解决教育过程中各种矛盾而采用的思想方法和工作方法。构建社会主义和谐社会对教育方式方法的要求主要体现在两个方面：一是在思想方法上，既要坚持教育人、引导人、鼓舞人、鞭策人，又要做到尊重人、理解人、关心人、帮助人。二是在工作方法上，一方面对教育方法的选择原则，要坚持教育的正值效应，避免零值效应，防止负值效应的有效性原则；从实际出发，用不同的方法解决不同思想问题的针对性原则和针对教育实施过程的多因素性和复杂变化性的特点，遵循多样性原则。另一方面，对教育实施的方式方法，要求从"巩固马克思主义指导地位，坚持不懈地用马克思主义中国化最新成果武装全党、教育人民，用中国特色社会主义共同理想凝聚力量，用以爱国主义为核心的民族精神和以改革创新为核心的时代精神鼓舞斗志，用社会主义荣辱观引领风尚，巩固全党全国各族人民团结奋斗的共同思想基础"出发，创新常规教育方法，开拓特殊教育方法，提升教育艺术，实现教育的根本目的。

2.确立并坚持"以人为本"和"育人为本"的教育理念

和谐社会的核心就是"以人为本"。胡锦涛同志在全国宣传思想工作会议上指出："思想政治工作说到底是做人的工作，必须坚持以人为本。"因此，教育者首先要确立"以人为本"、"育人为本"的教育理念，并在教育实施过程中坚持"以人为本"和"育人为本"的思想原则。"以人为本"是历史唯物主义的一项基本原则。"以人为本"不仅是我们党的根本宗旨和执政理念的集中体现，也是我们党教育工作的根本教育理念。以人为本的人，指的是最广大人们群众。在当代中国，就是以工人、农民、知识分子等劳动者为主体，包括社会各阶层在内的广大人民群众。确立"以人为本"和"育人为本"的教育理念，就要牢记党的根本宗旨，始终把握教育为民所需、情感为民所系、目的为民所接受。坚持"以人为本"和"育人为本"的教育理念，必须在教育工作中要做到以下几点：

第一，把握人的个性，提高教育的预见性

世界上没有两个个性完全相同的人。俗话说："人心不同，各如其面"。要想做好教育工作，就必须了解其个性，预测个性的发展趋势，教育引导个性向积极的方向发展。因此在实施教育中首先要充分认识人的个性，结合人的个性进行教育工作。其次，要针对不同的个性，采取相应的教育，引导人向积极方向发展。比如人的性格，有人坚定果断，有人优柔寡断；有人勇敢，有人怯懦；有人自觉，有人盲从；有人自制力强，有人任性。教育就要根据受教育者不同的性格特征实施有针对性的教育，引导受教育者的个性向积极方向发展，避免强制性"一刀切"的教育产生的逆反心理及事倍功半的效果。再次，要针对不同人的个性，采取诱导和启发式教育，激发受教育者的自觉性和主动性。诱导和启发式教育就是通过教育者的诱导和启发，让受教育者在思考中理解、掌握知识，以此培养发现问题、分析问题和解决问题的能力；使受教育者在独立思考中掌握探究问题的方法，从而释放受教育者的一切潜能来培养开拓、创新品质。最后，要针对受教育者将要发生和可能发生的思想问题和行为偏向进行预测防范，采取明示法、暗示法、和启示法等预防教育方法事先做好教育、疏导工作，将问题解决在萌芽状态之中，防患于未然。

第二，把握人的需要，增强教育的针对性

需要是人的活动不竭的源泉与动力。人的需要是客观存在的，需要是人的一切活动的出发点，也是教育工作的出发点。加强对人的需要问题的研究，了解人的不同需要及特点，是做好教育工作、增强其针对性的逻辑起点。人的需要具有多层次性，美国著名心理学家马斯洛（A·H·Maslow）提出的"需要层次理论"，认为人的价值体系中存在着不同层次的需要，包括：生理、安全、社交、尊重、求知、审美和自我实现等七个层次的需要；这七种需要是按次序排列并逐级上升的，下一级需要获得基本满足之后，追求上一级需要就成了驱动行为的动力；在一定时期，人会同时产生多种需要，但总会有一种需要占支配地位。尽管在社会生活中，对马斯洛的理论有些争议，但对当前我国教育工作仍有着极其重要的启示，在社会生活中，同一阶层的人，由于文化水平的不同，道德追求的差异，同样存在各种各样的需要，其中诱导出人的行为动机的主导需要也是不同的，所以满足其需要的内容和方式有一定的选择差异。这就要求我们的思想政治工作者要善于抓住主要矛盾，抓住人的思想主流和主导需要。否则，教育工作就是纸上谈兵、无的放矢，缺乏针对性。因此，在教育工作中：

首先，充分了解人的需要，把握教育工作的切入点。人类社会生活是丰富多彩的，这决定了人的需要具有多样性。人的任何有目的的行为都是为了满足一定的需要，只有了解人的需要并采取合情合理的方式去满足需要，才能有效地调动积极性。教育工作应分析人的需要，做到心中有数、有的放矢，增强教育工作的针对性。

其次，满足人的合理需要，把握教育关键点。需要的现实性及差异性是客观存在的，这就要求在教育工作中，要根据其特点对人的需要进行全面调查和分析，划分合理的需要和不合理的需要。对于合理的需要又分为马上能解决的需要和暂时还不能解决的需要。对于暂时不能解决的需要应做好解释工作，说明道理，创造条件逐步解决。对能解决的需要又划出靠组织解决的和组织帮助自力更生解决的两种。同时，对不合理的需要进行教育引导，使之逐步向合理化的需要转化。

再次，遵循人的需要规律，把握教育的基本点。思想政治工作的对象是现实中活生生的人，表面上看，每个人各不相同，每个人的心理需求千差万别，但却具有共同的特点和规律。因此，做好教育工作的关键就是要在充分了解需要的基础上，遵循人的需要规律，有针对性地开展教育工作。在我国经济社会转型的新的历史时期，人们的需要表现出多种多样、良莠不齐的多层次性。因此，教育工作有必要、有责任对人的需要加以正确引导，使人们树立并努力提升正确的"需要观"。

第三，注重人的情感，提高教育的实效性

人的情感体验状态是十分复杂，常常表现为两种对立的性质，即肯定和否定。人的情绪情感对教育有直接影响。其一，积极性情感，即满意愉快、热爱等内心体验，对接受教育起促进作用；其二，消极性情感，即不满意、苦恼、愤怒、绝望等内心体验，对接受教育起着抵触抑制作用，弱化教育对象对教育的认识和接受。因此说情感是教育中的催化剂，是思想品质形成的重要因素。人都是有感情的，"没有'人的感情'，就从来没有也不可能有人对真理的追求"（《列宁全集》第20卷255）当教育者与受教育者的情感体验产生共鸣时，最易打开受教育者的心扉，拨动他们的心弦，使之自觉接受教育内容。教育工作，必须注意研究受教育者的情感发展规律，注重激发和保护积极性情感，抑制和转化消极性情感，提高教育的实效性。

（二）教育的方式、方法与时俱进

教育作为一门科学是在长期的革命实践中逐步形成的，同样，它还要随着社会实践的发展而不断与时俱进。当前，我国改革开放和现代化建设事业已经进入了一个新的发展阶段，建立社会主义市场经济体制，构建社会主义和谐社会是一项前无古人的开创性事业，需要解决许多极其复杂的问题，最主要的是要转变计划经济时期形成的经济、政治、文化等一系列传统观念，教育、提倡、引导积极探索、敢于试验，在这样一种新旧体制交替、思想观念急剧更新的时期，教育面临着严峻的挑战。加之改革开放初期，最大的失误是严重削弱了教育，最大的弊端是教育的方式、方法被搞乱，只讲知识性、趣味性，不讲思想性；只讲尊重人、理解人，不讲教育人、改造人；只讲表扬，不讲批评；只讲疏导，不讲法制纪律。凡此种种，都说明新时期的教育工作既要在方式、方法上解决历史遗留的弊端，又面临着新课题和新任务。这就要求，教育工作要与时俱进，不断探索和开拓教育工作的新思路，创新教育的方式、方法。

教育方法，是教育者在进行教育过程中为实现特定的教育目的，解决教育过程中各种矛盾而采用的思想方法和工作方法。因此，教育方式、方法与时俱进，首先思想方法要与时俱进。党的十七大报告明确指出："加强和改进思想政治工作，注重人文关怀和心理疏导，用正确方式处理人际问题。"这一要求，不仅体现了教育以人为本的宗旨和与时俱进的创新，还体现了思想方法与时俱进的创新精神。改革开放 30 年开始进入发展的攻坚时期和社会矛盾频发时期。随着经济体制深刻变革、社会结构深刻变动、利益格局深刻调整、思想观念深刻变化，我国的发展既面临着前所未有的宝贵机遇，也面临着各种严峻挑战。教育工作要适应社会发展的阶段性特征，积极推动当代中国马克思主义大众化，积极探索用社会主义核心价值体系引领社会思潮的有效途径。主动做好意识形态工作，既尊重差异、包容多样，又有力抵制各种错误和腐朽思想的影响。首先实现思想方法与时俱进。一方面要从以往单纯注重教育，逐步转向既注重教育，又注重人文关怀，坚持以人为本和育人为本，着眼于促进人的全面发展；既坚持教育人、引导人、鼓舞人，又要做到尊重人、理解人、关心人。另一方面，要从以往单一注重教育，转向教育和心理疏导有机结合，加强心理健康教育，缓解人的心理压力，促进人的心理健康，实现人的心理和谐。

其次，实现工作方法与时俱进。党的十七大报告提出，要增强社会意识形态的吸引力和凝聚力。教育作为意识形态工作的重要组成部分，是通过教育方式和方法，实现教育目的的。在经济社会转型的新的发展时期，我们要通过教育增强社会主义意识形态的吸引力和凝聚力，提高主流意识形态对多种思想观念和社会思潮的整合能力，以此来团结和凝聚全体人民为建设中国特色社会主义提供强大精神动力和思想保证，就必须实现工作方法与时俱进。

一是加强教育引导，注重把社会主义意识形态内化成社会群体意识。教育引导是建设社会主义意识形态的基础性工作。要在全社会广泛开展社会主义核心价值体系的教育活动，坚持不懈地用马克思主义中国化最新成果武装全党、教育人民，大力推进当代中国马克思主义大众化，最大限度地扩大社会认同，形成思想共识。要把主流意识形态的基本内容和要求渗透到社会各阶层之中，促使社会主义意识形态内化成社会群体意识，转化为人民的自觉追求，以此来巩固全党全国各族人民团结奋斗的共同思想基础。

二是发展网络教育，努力使互联网成为传播社会主义意识形态的新阵地。教育要以网络教育为基础，突出时代性。江泽民指出："互联网已经成为思想政治工作的一个新的重要阵地"。我们既要提高互联网安全意识，又要充分利用互联网这一新型媒体资源来渗透教育，占领网络教育这一新的重要阵地。要充分利用网络，改变传统的说教式的灌输教育模式，把社会主义意识形态的要求通过网络提供大量图文并茂、生动活泼的资料，创办网上电子刊物，开办专题讲座，针对现实中出现的热点问题，利用网络相互交流展开讨论，力求把严肃的宣传教育主题编成生动形象的程序、软件，集教育于知识性、趣味性、生动性为一体，吸引人们的兴趣，达到情景交融、寓教于乐、润物细无声的效果。

三是由单纯的硬性灌输向多方渗透的软性转化，把社会主义意识形态核心内容，渗透到人们的思想观念、价值判断、道德情操之中。灌输式的方法在一定历史时期曾是非常有效的，灌输是硬性的、单向的，以强制为主。而渗透是软性的、互动的，以说服为主。随着改革开放的深入、经济的飞速发展和国际交往的拓展，现代社会人的自主意识不断增强。单一的灌输和说教已经难以发挥教育的作用了。因此，在强调灌输的同时，还要注重思想渗透，渗透是软性的、互动的，通过渗透把教育落实到社会实践活动的各个方面，寓教于学、寓教于美、寓教于乐、寓教于管理、寓教于生活，使人们置身于教育的浓厚氛围之中。

四是注重引导实践养成，把社会主义意识形态核心内容融入到日常工作生活之中。社会主义主流意识形态真正发挥其作用，必须融入社会生活，让人们在实践中感知他、领悟它，并在逐渐地接受中内化成自己的需要，才能激发出与主流意识形态相适应的思想观念、价值判断和道德情感。因此，教育工作必须注重引导干部群众自觉遵守，按照社会主义核心价值体系的基本要求建立的各项规章制度和行为准则，使主流意识形态成为人民日常工作生活的基本遵循。同时，要把社会主义意识形态核心内容融入到各项精神文明创建活动之中，积极引导广大群众在创建文明城市、文明村镇、文明行业、文明单位、文明社区活动中提升精神境界，培育文明风尚。

五是完善人文关怀和心理疏导机制。加强社会心态的监测、评估和预警，完善社会心理疏导，促进社会情绪交流渠道畅通，引导社会心态良性变化，帮助人民在潜移默化中达到心理和谐。建立健全心理咨询网络，把人文关怀和心理疏导贯穿、渗透到各级各部门的教育工作、家庭教育、学校教育、舆论引导、专业咨询、心理医治等各个方面。加强交流沟通，及时帮助人们解决思想情绪和心理健康方面的问题。

第三章 通过心理健康教育提高教育管理实效性

新时期教育面临的挑战，归根结底是由我国的经济体制深刻变革，社会结构深刻变动，利益格局深刻调整，思想观念深刻变化，社会矛盾日趋凸显，以及由此引发的人的日益复杂的心理变化造成的。建设社会主义和谐社会的奋斗目标对教育工作提出了更高要求，即实现人与人、人与自然、人与社会、人与政治的和谐发展，而这一切都与人的心理健康发展有着必然的、直接的联系。

党的十六大对全面建设小康社会提出了四个目标，其中之一就是"全民族的思想道德素质、科学文化素质和健康素质明显提高……促进人的全面发展。"人的全面发展，既是社会进步的要求和结果，也是社会进步和发展的重要尺标。社会主义的本质就是解放和发展社会生产力，而解放和发展社会生产力的落脚点是人的全面发展，而且人的全面发展也是教育的最终目的。

当今世界科学技术飞速发展，国际竞争日趋激烈，现代化建设所需要的人才素质要求越来越高，这些客观现实极大地激发了人们适应社会变化和社会需要的心理需求。改革开放以来的实践证明，在急剧变化和飞速发展的现代社会，工作和生活节奏加快、竞争加剧，人们的精神压力也随之加大，思想问题和心理问题相互交织的状态下，单纯的教育已经很难奏效。因此，党的十六大报告首次明确提出："注重促进人的心理和谐，加强人文关怀和心理疏导，引导人们正确对待自己、他人和社会，正确对待困难、挫折和荣誉。加强心理健康教育和保健，健全心理咨询网络，塑造自尊自信，理性平和、积极向上的社会心态"。党的十七大报告中进一步重申"加强和改进思想政治工作，注重人文关怀和心理疏导，用正确的方式处理人际关系。"这是改革开放以来，我们党加强思想政治工作的经验总结，也是新时期开展教育工作的根本依据，也是教育实践的客观需要。近年来的实践证明，教育只有同人民群众的心理活动规律相一致，才能取得更好的成效。否则，就会事倍功半或实效甚微。以往的教训正是由于我们忽视了人的心理作用，忽视了人们的心理素质对思想政治品德的影响，使得教育简单、生硬，难以使受教育者产生心理共鸣，甚至产生逆反心理，大大影响了教育的效果。因此，树立新的教育理念，实现教育与心理健康教育的有效结合是提高教育实效性的关键。

一、心理健康教育的功能

当前，促进人的全面发展的关键是提高人的素质。马克思主义认为，人的全面发展是"人以一种全面的方式，也就是说，作为一个完整的人，占有自己的全面的本质"。它包括人的需要的全面满足、人的素质的普遍提高、人的价值的全面实现和人的主动性、积极性和创造性的充分发挥。人的素质是指人在生活、工作及社会活动中所具备的自身条件。人的素质是一个复杂的系统，它包含三大子系统，即身体素质系统、心理素质系统和社会素质系统。人的素质是多方面的，有身体素质，思想素质，文化素质，科学素质，能力素质等等。人的全面发展需要经过长期的培养和提高素质的过程，这个过程充满各种矛盾和斗争，既有思想政治方面的，也有心理方面的，还有思想和心理相互影响和制约方面的。过去，教育解决这些矛盾，只注重解决人们的思想政治方面的矛盾和问题，而忽视解决心理问题与思想问题相互影响、相互制约的问题。结果，在没有解决人们接受教育的心理问题下，势必造成教育与接受相脱节，失去教育的实效性。

党的十六大报告从构建社会主义和谐社会的这一重要任务出发，明确提出了"全民族的思想道德素质，科学文化素质和健康素质明显提高"的要求。报告提出的健康素质，无疑是人的其他素质的基础，离开健康素质的提高，人的全面发展无从谈起。从宏观上讲，人的健康素质至少包括生理健康和心理健康两个方面。单就心理健康来说，随着社会转型和生活节奏的加快，竞争的日趋激烈导致了人们生活和工作的压力增大，各种心理障碍和精神疾病大幅度增加，由此引发的社会问题也日益突出。理论和实践都已表明，没有健康的心理素质的相应提高，人的健康素质必然是片面的和畸形的。近年来，仅报端披露的由于心理问题而导致的违法犯罪、害人害己的事件不胜枚举。刘海洋、马加爵事件更是引起了全国人民的广泛关注，引起对教育问题的深刻反思。加强心理健康教育刻不容缓、势在必行，已经成为全社会的广泛共识。大体来说，个体的心理问题主要体现在这样几个方面：一是对环境的适应能力较差，不能随着环境的变化及时调适自己的心境及各方面行为。二是情绪不够稳定，频繁产生剧烈的起伏波动。在现实生活中，不少人的情绪飘浮不定、喜怒无常，有的为一点小事就会大吵大闹甚至大打出手，有的经常为了一点小事耿耿于怀，整天闷闷不乐。三是意志力脆弱，缺乏克服困难、直面挫折的勇气和能力。有些人面对学习、生活、工作的困难和挫折，不是着眼于自身的提高去解决问题，而是要么倚仗他人、要么自暴自弃，极端者甚至会选择轻生逃避等。所以，促进人的全面发展，不仅要着眼于人的生理健康，更要关注人的心理健康。

（一）心理健康的标准

关于心理健康的标准，目前还没有一个权威的普遍适用的评价体系。由于人的心理健康水平通常是动态变化的，因此，心理健康的标准具有相对性。近年，美国心理学家马斯洛（Maslow）提出的心理健康的十项标准得到了心理学界较多的认可：

1. 充分的安全感。安全感是人的最基本需要之一，心理上是否安全，决定生理功能能否正常，如果惶惶不可终日，人便会很快衰老。抑郁、焦虑等心理，会引起消化系统功能的失调，甚至会导致病变。

2. 充分了解自己，对自己的能力做出恰如其分的判断。如果勉强去做超越自己能力的工作，就会显得力不从心，于身心大为不利。由于超负荷的工作，甚至会给健康带来麻烦。

3. 生活目标切合实际。由于社会生产发展水平、物质生活条件有一定限度，如果生活目标定得太高，必然会产生挫折感，不利于身心健康。

4. 与外界环境保持接触。人的精神需要是多层次的，其中与外界接触，一方面可以丰富精神生活，另一方面可以及时调整自己的行为，可以更好地适应环境。

5. 保持个性的完整和谐。个性中的倾向性与特征，倾向性中的各种影响行为的内部因素，以及特征中的各种内隐的、外显的特质，从本体角度需要具有完备的整合元素，从相互关系角度需要统协统一。

6. 具有一定的学习能力。信息时代知识更新很快，为了适应新的形势，就必须不断学习新的东西，使生活和工作能得心应手，少走弯路，以取得更多的成功。

7. 保持良好的人际关系。从人的社会心理属性看，人是社会的、群体的，是生活在社会关系之中的。一个人的人际关系状况既反映其社会生活质量，也反映其成长质量。由于人际交往具有保健功能、调节功能和整合功能。所以，良好的人际关系是个体顺利、健康发展的基本条件。

8.能适度地表达和控制自己的情绪。人有喜怒哀乐不同的情绪体验。不愉快的情绪必须释放，以求得心理上的平衡。但不能发泄过份，否则，既影响自己的生活，又加剧了人际矛盾，于身心健康无益。

9.有限度地发挥自己的才能与兴趣爱好。人的才能和兴趣爱好应该充分发挥出来，但不能妨碍他人利益，不能损害团体利益，否则，会引起人际纠纷，徒增烦恼，无益于身心健康。

10.在不违背社会道德规范下，个人的基本需要应得一定程度的满足。当然，必须合法，否则将受到良心的谴责、舆论的压力乃至法律的制裁，自然毫无心理健康可言。

由上述心理健康的标准可以看出，心理健康状态本身就蕴含着人与人的和谐、人与自然的和谐、人与社会的和谐、人与政治的和谐等四个层面。

从构建和谐社会的角度概括，良好的心态、健全的人格，是人的身心健康的重要标志，也是社会和谐的基本条件。因为，人的心理健康与社会和谐紧密相连，心理健康教育在构建和谐社会中具有不可忽视的重要价值和作用。因此，党的十六届六中全会《决定》明确提出："加强心理健康教育和保健，健全心理咨询网络，塑造自尊自信，理性平和，积极向上的社会心态"。

（二）心理健康教育功能

心理健康教育，是指帮助受教育者正确认识自我、排除心理困扰、预防心理疾病、维护心理健康，形成坚韧的意志品质和完整人格的活动。心理健康教育运用心理学的原理和方法，通过心理咨询与心理治疗、开设心理健康课程和讲座等途径，有组织、有目的地对人们的心理发展施加积极的影响。解决他们的心理问题或心理障碍，提高自我意识水平和自助能力。促进思想和心理上的成熟，培养健全的人格。

心理健康教育有其自身的特殊功能，除对个别预防心理疾病、增进身体健康，调适心态平衡，促进心理健康，健全个性发展，提高活动效率等个人性功能外，还有在建设中国特色社会主义，构建和谐社会中促进人的心理和谐，塑造良好的国民心态等社会性功能。

1. 心理健康教育具有培育自尊自信的社会心态，克服自卑、自弃、自卑媚外的功能。随着社会主义市场经济体制的确立，社会生活发生了深刻的变化。新旧体制的交替，新旧观念的冲突，中西文化的碰撞，使得人们的思想困惑越来越多；工作和生活节奏明显加快，竞争的日趋激烈，人际关系的紧张，使得人们的心理压力越来越大，导致一些人引发自卑自弃的心理疾病。同时，随着改革开放的深入，国际交流的增加，面对发达国家先进的科学技术，面对西方现代文明成果，容易引发自卑媚外的心理障碍。心理健康教育具有培育自尊自信的社会心态功能，不仅能引导人们正确对待自己、他人和社会，正确对待困难和挫折，做到面对竞争而不自卑，面对困难和挫折而不自弃；还能引导人们客观地看待先进国家的优点和长处，虚心地学习，有选择地引进，做到学习而不自卑，引进而不媚外。

2. 心理健康教育具有培育理性平和的社会心态，克服浮躁偏激的功能。当今我国正处在改革的攻坚阶段和发展的关键时期，心理健康教育培育理性平和的社会心态功能，不仅能引导人民群众从全局出发，十分珍惜难得的历史机遇，自觉维持安定团结的政治局面，努力把爱国热情转化为做好本职工作和刻苦学习的实际行动，冷静理性、合法有序地表达诉求，不做不利于安定团结、不利于社会和谐的事情。还能在关系国家利益、民族大义问题上，引导人民群众做到爱憎分明，任何时候都不能失去理智，不能因为狂热和偏激做出错误判断，甚至做出违法的行为。

3.心理健康教育具有培育积极向上的社会心态，克服仇恨狭隘的功能。现代社会，随着工作和生活节奏加快、竞争加剧，人们的精神压力也随之加大，这既能激发人们奋发进取、顽强拼搏的精神，也容易产生急功近利、心浮气躁的心态，特别是当个人遇到某种挫折或不公正待遇时，甚至会产生怨恨、仇视的情绪。心理健康教育培养积极向上社会心态功能，不仅能引导人们加强自身修养，提高精神境界，完善自我人格，根据自己的实际情况确定志向和目标，从劳动、从付出、从自己的创造和对社会与别人的关爱中获得幸福；还能引导人们把个人发展与国家的发展、民族的发展，把自身价值的实现与他人价值的实现、社会价值的实现有机地统一起来，在为祖国和民族的奋斗中实现自己的价值；又能促使人们以和平的方式化解矛盾和冲突，从容应对各种挑战、妥善处理突发事端，减少对抗性，增强建设性。

（三）心理健康教育的作用

在社会主义初级阶段，建设中国特色社会主义，构建和谐社会的伟大实践中，心理健康教育越来越凸显出促进人的心理和谐，塑造自尊自信、理性平和、健康向上的社会心态的重要作用。

1.心理健康教育可以帮助人们排除心理障碍，积极看待人生，增强生活信念。信念是人对生活准则中的某些观念持有深刻的信任感和坚定的确信感的一种意识倾向，也是一种为个人所意识到的、理性的价值取向。信念是一个人强大的精神支柱，是生活充实、积极乐观、勇于拼搏奋进的动力。然而，在现实社会生活中，有一些人缺乏生活信念，不知道人为什么活着，人活着的意义何在，没有追求，空虚无聊。这种人对生活不感兴趣，感到学习没意思、工作没意思，甚至恋爱也没意思，因此在生活中稍有不顺，就会产生焦虑、苦闷、气馁，甚至自暴自弃，悲观绝望。心理健康教育可以根据每个人的具体情况及时排解其心理障碍，启迪他们认识生活的意义和价值，人的责任和义务，引导他们把个人的

"小我"溶入到社会的"大我"之中，把自我价值的实现与他人、社会联系起来，帮助他们树立起正确的人生观、价值观和世界观，鼓起生活的勇气，体验丰富多彩的人生。

2. 心理健康教育可以帮助人们排除人格障碍，形成良好的道德品质。人格一般作为决定个人风格并影响其与环境交互作用的行为、情感和意识的特殊模式，其形成是人际关系的产物，而它的发展则取决于遗传与环境的相互作用。人格障碍的产生主要是受环境有害因素的影响，使人格偏离常态发展，形成人格不协调。人格适应不良的人，不能依据社会环境的要求调节自己，产生情绪上的干扰和人格变异因素，导致工作、学习和生活上的一系列心理障碍与疾病。如有的唯我独尊，目空一切，自以为是；有的过于自卑，感到自己什么都不如人；有的过于自私，常把个人利益放在首位，追求名利；还有的表现出嫉妒心强，心胸狭隘，爱虚荣、敏感等，人格障碍还会使一些人在生活中缺乏信心和责任感，容易形成报复、仇视、攻击等不良品德。心理健康教育可以对这类人进行人格调适，通过他们的所做所为，启发诱导，使他们认清自身存在的人格偏差，认识由人格偏差可能带来的危害。在此基础上制定一系列措施，进行行为训练，逐步形成积极的健全人格。一位心理健康教育受益者曾经说："是心理咨询让我第一次全面地认识了自己，这将使我受益终生"。

3. 心理健康教育可以帮助人们辩证地看待问题，增强战胜困难的勇气。很多人，尤其是当代的青年多是在一帆风顺的环境中成长起来的，生活稍有不顺都会对他们产生重大的打击。有的因考试不理想，就想退学；有的因家境贫寒，而感到自尊心受到挫伤；有的把恋爱失败归因于自己没有能力；有的因为小事和他人处不好关系。心理健康教育可以采取渲泄法帮助他们恢复心理平衡，以平静的心态去接纳现实，并引导他们认清问题.学会将不愉快的经历当做自我成长的良机，积极看待所经受的磨难，从危机中看到生机，从困难中看到希望，掌握生活中的辩证法。心理健康教育意义之一就是给人以希望，使他们勇敢地面对人生。

4. 心理健康教育可以帮助人们正确地认识自我，处理好人际关系。构建和谐的人际关系，从人际交往的道德角度讲，诚心和爱心是关键。因为，一个人有了诚心和爱心之后，就有了克服人际交往的物化影响，建立起新型的人际关系，特别是在社会主义市场经济条件下，由于市场经济的趋利性把人们的注意力集中在物质财富上，人们在社会竞争中存在的经济实力的强弱，财富的多少，以及政治地位的高低，社会影响的大小等都会在社会成员间产生距离和隔阂容易形成人际关系的不和谐。而消除隔阂，缩小距离，就需要正确地认识自己，把握自己，要有一颗诚心和爱心，才能够以宽容的精神、理性的态度，正视并承认这些不和谐因素的存在，有效地防止人际关系的不和谐现象出现。对青年人尤为重要，因为，青年时期是自我意识形成的关键阶段，当他们理性地接触社会时，开始用"自己"的头脑去认识自己、他人和社会，形成自己的理念。然而，由于他们的生理、心理发展不成熟和外界环境的影响，自我意识的发展常常会出现一些偏差。有的夸大自己的优点，过度的悦纳自我；有的认为自己一无是处，过度自我拒绝；有的自视清高、孤芳自赏；还有的过分依赖他人，对朋友要求过于苛刻。这些都容易造成与他人的矛盾。心理健康教育就是帮助人们正确地认识自己、客观地看待他人，从极端个人主义和狭隘"自我中心主义"的倾向中走出来。学会严于律己、宽以待人，学会尊重他人，防止自我意识的畸形发展。掌握交往技巧，处理好个人与他人、集体的关系，在交往中更全面地认识自我，完善自我，提高整体心理素质。

总之，心理健康是人的整体健康的一个不可缺少的重要方面，是良好心理素质的表现。心理健康在人的整体健康乃至整个社会的健康和谐发展中有着不可或缺的调节功能和激发积极性的作用。心理健康与否，不仅会影响人们身心健康，也会影响人们学习、工作、社会交往等社会功能，进而影响整个社会的和谐发展。因此，在人类社会发展进程中，我们必须关注心理健康在构建和谐社会中的功能与价值，必须重视心理健康教育在我国社会主义现代建设中的重要作用。

二、教育与心理健康教育的关系

教育和心理健康教育是既相互独立、又相互联系的两种教育实践活动。两种教育活动在理论依据上、在工作内容与方法等方面有所不同，但是，它们在不同的教育实践中互为前提，相互服务、共同促进。人的全面发展，特别是在建设中国特色社会主义，构建和谐社会的新的历史时期，心理健康教育越来越凸显出对提高教育工作的针对性和实效性具有重要的作用；对发展和提升教育理论和实践具有重要的意义。

（一）教育与心理健康教育关系的理论研究

关于教育和心理健康教育的关系问题.学术界有各种不同的观点，实践中也有不同的指导思想，概括起来主要有以下三种：

1.相互分离说

此说认为，教育与心理健康教育是分为两个轨道开展的。它们在各自的轨道上进行，有自身的独立性和特殊性，互相之间没有必然的联系，而是截然分开的。在实践中，思想政治工作者只负责教育，心理健康教育工作人员包括心理咨询室专业人员和心理医生则负责个体心理健康教育或心理疾病的防治工作。

2.取代说

取代说的主要观点是用心理健康教育取代教育或是用教育代替心理健康教育。自改革开放以来，随着价值观的急速改变，人们的心理矛盾与冲突以新的内容和形式表现出来。一些教育工作者感到传统的思想政治工作和品德教育的模式难以收到好的效果，便寄希望于心理健康教育。在实际工作中，这种主张受到一定的欢迎。有人认为心理健康教育是思想政治工作的延伸，心理健康教育是思想政治工作科学化的一种新形式；也有人认为心理咨询就是谈心，谈心就是教育工作。所以无需开展专项的心理咨询和心理健康教育工作；也有人片面夸大心理咨询在塑造健康人格上的意义与功能，认为以往那些行之有效的教育工作方法已经时过境迁，毫无借鉴之处，提出心理咨询应取代思想政治工作的建议。

3. 相互包容说

相互包容说认为教育与心理健康教育两者可以在实践中相互包容，或是心理健康教育包容教育，或是教育包容心理健康教育。其中，主要是后者主张"心理健康教育是教育的重要组成部分"。就是把心理健康教育纳入教育工作中，实行以个体教育工作为主体，专兼结合的工作体制，把专门从事心理健康教育的队伍纳入整个思想政治工作队伍里。

对于以上三种观点，也有不与苟同者。他们认为，我国教育工作是在党的领导下进行的，作为素质教育的一个重要组成部分的心理健康教育也不例外。任何时期心理健康教育都是回避不了人生观、价值观、道德观等思想问题的。而且，心理健康教育的目的不仅仅是为了消除个体的心理障碍，还致力于培养健康的人格和高尚的品德。因此，心理健康教育也是具有政治导向的，必然和教育密切相关。所以，两者不是相互分离的关系。同时，由于心理健康教育与教育虽然都涉及意识范畴，但心理健康教育更多的是属于心理与意识活动的调节，教育则多属于意识观念的掌握，两者不能等同，也不能互相取代。此外，有人认为，心理健康教育与教育之间虽然有一定的联系，但在多方面存在明显差别，自然也不是互相包容的关系。

（二）教育与心理健康教育相互关系的研究

教育的目的是使受教育者形成一定的思想政治观念即政治观点、信念、世界观和道德观。思想观念是人对于事物的本质、全体及其内部联系的认识，是人脑通过概念、判断、推理等思维形式对感性材料进行加工后而形成的理性认识成果。正如马克思所说："观念的东西不外是移入人的头脑并在人的头脑中改造过的物质的东西而已"。教育是致力于提升人的思想政治素质，而心理健康教育则旨在培养和提高受教育者的心理素质。所以，要探究两者之间的关系，必须先从思想和心理、思想素质和心理素质的关系分析。

1. 思想与心理

思想与心理两者的内涵不同。思想亦称观念，是一个含义较广的概念。从一般意义上说，思想是指人脑借助于语言和思维对大脑反映的表象的加工和改造，是对客观事物的反映。思想观念是人认知活动的产物或成果。教育是做人的思想工作的，而人的思想作为一种社会现象，它同任何事物一样也有其形成和发展的规律。因此，要做好教育工作就必须掌握人的思想形成、发展规律，充分认识到：人的思想是在客观外界条件和主观内部因素相互作用中形成的，同时又是在社会实践中得以实现和不断丰富、发展的；而且，人的思想的形成发展过程是复杂和曲折的。因此，教育方法的任何体系都不是永恒不变的。尤其处在一个思想大活跃、观念大碰撞、文化大交融的新时代，原有的教育方法所依存的政治、经济、文化等各种背景已发生了重大变化，同时，改革开放、科技发展和社会主义市场经济体制的建立，对人们的思想观念、价值观念、道德观念等都产生了深刻影响，这就必然对教育方法提出了与时俱进的创新和变革要求。教育方法的现代化比任何时候都更加迫切与重要，只有根据人们变化了的思想实际，采取符合人的思想品德形成和发展规律及教育规律的科学方法，才能切实有效地做好人的教育工作。

人的心理是人脑的机能，是客观现实的反映。心理过程是人在客观事物的作用下，心理活动在一定时间内发生、发展的过程，通常包括认知过程、情绪情感过程与意志过程三个方面。认知过程指人的感知、记忆、思维等形式反映客观事物的性质和联系的过程；情绪情感过程是人对客观事物的某种态度的体验；意志过程是人有意识地克服各种困难以达到一定目标的过程。其中，认知过程是人的心理活动的基本过程，是情绪情感过程和意志过程产生的基础；情感和意志过程都含有认知成分，相应的情感和意志一经形成，就会对认知活动起着一定影响制约作用。虽然三者有各自发生和发展的过程，但并非完全独立，而是统一心理过程中的不同方面。从一定意义上说，人的思想形成，也就是知、情、意统一的心理活动的结果。人的思想和心理是相互联系的，其中心理是思想的基础，思想是心理的高级形式。思想的发展变化受心理的影响和制约，心理活动的方向和内容受思想的支配。因此，教育要取得良好的教育效果，必须遵循人的心理过程活动规律。可以这样说，没有对社会形态发展规律的深刻认识，就不会产生信仰社会主义的思想、信念和情感；没有对社会主义理想信念的情感，在创建社会主义和谐社会的过程中就不会产生明确的目的和坚强的意志；没有明确的目的和坚强的意志，也就不会产生为构建和谐社会奋斗的坚定行为。因此，只有了解人类心理活动的过程，并依照心理活动的规律实施教育，才能切实达到预期效果，最终实现我国社会的和谐发展。这就要求我们首先从理论上搞清思想与心理两者之间的区别和相互联系的基本问题，才能指导教育与心理健康教育结合进行的理性实践。

　　思想和心理的主要区别在于：两者的主体不同，思想是人所特有的，是人区别于动物的标志之一，动物是没有思想的，而心理则是具有神经系统的动物共同具有的一种活动功能，不仅人类有心理活动，动物也有。思想与心理的表现形式不同，思想以观念的形式表现，如世界观、人生观、价值观、道德观等等，属于认识观念范畴。而人的心理表现形式是感觉、知觉、记忆、思维、情绪、情感、兴趣、性格等等，是个体在生理基础上的心理活动状态；思想与心理两者的作用不尽相同，如果仅从对行为支配角度分析，心理更多是通过个体行为反映出来的，通过一个又一个具体的人的行为表现出来。思想不仅可以影响个体的行为，也可以影响一代人、甚至几代人，思想可以跨越时空的界限，与追寻她的人们保持永恒。我们必须清楚地掌握思想和人的心理两者之间这种区别是在人脑这一器官对客观现实的反映过程中依据人的不同反映功能所表现出来的不同认识阶段的区别，以及共同支配人的行为中所发生作用的范围和时间的不同区别。但是，人类心理和思想的形成又都是以客观现实为源泉，以实践活动为桥梁，因此，两者之间又有密切的相关性，相互联系、相互影响。首先，相对于物质，两者都具有第二属性的因素，在本质上基本是一致的：（1）思想与人类心理产生的源泉都是客观世界；（2）思想与人类心理的产生都离不开人脑这一器官，都是人脑机能活动的产物；（3）思想和人类心理都是在实践活动的基础上对客观外界的能动的反映。其次，人的心理活动的结果之一，是以思想作为载体，思想的形成和发展服从人的心理活动规律。思想和心理在各自的发展变化的过程中相互影响、相互制约。已形成的思想观念对人的心理活动具有导向作用。

人的心理和思想观念的密切关系，说明心理健康教育和教育不是彼此排斥和对立的，而是互相补充、交叉和渗透的。在现实生活中不难看出有些人的思想问题和不正常的行为表现并不都是政治立场和政治观点问题，往往是由人的心理或生理的变化产生的心理障碍或心理疾病。即使是政治意识方面的问题，在教育中也应该遵循心理学所揭示的人的一般心理活动规律。教育结合心理健康教育的成功事实证明，从人的心理因素去考察某些思想问题，解决思想问题，比单纯注重教育效果是十分明显的。因此，新时期的教育应该逐步转向既注重教育，又要注重心理健康教育，两者结合起来。

2.思想政治素质和心理素质的关系

根据心理学、教育学、社会学、医学等学科领域的大多数学者们所认同的观点，人是生物、心理、社会的统一体。所以，人的素质结构可分为三个层次：生理素质、心理素质和社会文化素质，而且，它是按照"生理—心理—社会"的顺序发展的。其中生理素质属于较低发展层次，社会文化素质则属于较高的发展层次。心理素质是联结生理与社会的桥梁，处于人的整体素质形成过程的核心地位。

所谓思想政治素质是指在环境和教育的影响下形成和发展起来的相对稳定的思想道德品德和政治素养。思想政治素质是指从一定社会所要求的政治、思想和道德规范的内化方面，它主要包括政治品质、思想品质和道德品质三个元素。政治品质是一个人在政治方面所具备和表现出来的素质，具体表现为：坚定的政治立场、理性的政治信仰、积极的政治态度、正确的政治方向等。思想品质是一个人在思想方面的素质，具体表现为：科学的世界观、正确的人生观和价值观等。道德品质是一个人在道德方面的素质，道德品质的内容依存于相应的道德规范体系，不同阶段、不同时代有不同的道德品质内容。我国现阶段所要求的良好的道德品质包括两大类。第一类，在处理社会利益的关系上，要正确处理国家利益、集体利益和个人利益的关系，自觉履行社会职责和法律义务，做一个对国家、对人民、对社会负责任的公民。第二类，在处理人际关系上，要着眼于人际和谐，弘扬奉献社会、遵纪守法、见义勇为、扶正驱邪的良好风尚，倡导诚信为本、操守为重、守信光荣、失信可耻的信用观念，形成男女平等、尊老爱幼、扶贫济困、礼让宽容的新型人际关系。思想政治素质可以归属于思想行为系统，它既是一个人言语中表现出来的某些稳定的特征和行为倾向，也是人的思想在行为中的体现。思想政治素质是人最重要的素质，这一素质不仅决定人的发展方向，而且直接影响和促进人的智力、体力素质的形成与发展。

所谓人的心理素质就是指个体心理活动所具有的基本特征和品质。心理素质是人类在生理素质基础上通过长期社会生产和生活所形成的具有种族特色的心理要素在个体身上的积淀，是一个人在思想和行为上表现出来的比较稳定的心理倾向、特征和能动性。心理素质既是适应环境，赢得学习和生活成功的条件，也是从自然人发展为社会人，从生理素质发展为社会文化素质的中介。没有健康的心理素质就不可能形成良好的社会文化素质，也不可能促进生理素质的健康发展。

人的心理素质和思想政治素质是相互影响的。其中，健康的心理素质是良好的思想政治素质形成和发展的心理条件和基础。心理健康的人，一是智力正常，能对社会所要求的思想、政治、道德规范做出正确的理解和有效的接受；二是情绪稳定，能自觉地调节、控制自己的情绪情感，有利于良好思想政治素质的形成和维持；三是意志坚定，有决心，有信心，不怕困难，不怕挫折，在任何情况下，都能保持自己良好的思想政治素质；四是正视现实，能够正确评价自己，摆正位置，正确处理人际关系；五是言行一致，人格和谐，有利于思想政治行为习惯的形成和保持。因此说，较高层次的思想观念、政治觉悟、道德修养往往是建立在心理健康的基础上的。很难想象，精神萎靡、心胸狭隘、情趣低下的人会有坚定正确的政治方向、政治立场、政治观点，更谈不上政治纪律、政治鉴别力和政治敏锐性。同样，思想政治素质也对心理素质的提高起着重要作用。良好的思想素质，正确的政治方向，如同航行的船有了舵，指明人的健康心理的形成和发展方向。因此说健康的心理素质必须有良好的思想政治素质为前提。

3. 教育和心理健康教育的关系

前面关于思想和心理、思想政治素质和心理素质的密切关系，说明了心理健康教育和教育不是彼此排斥和对立的，而是相互补充、相互交叉、相互渗透、相互联系又相互区别的；就其性质而言，各有着不同的教育侧重点，不能简单地混为一谈。思想政治素质和心理素质的区别决定了心理健康教育不能代替教育，反之亦然。因此正确认识两者的关系，找到二者之间的结合点，加强教育的力度，增强教育的感染力和吸引力，提高教育的实效性，对于促进人们全面发展具有重要的现实意义。

（1）教育和心理健康教育的区别

一是价值取向不同。教育有明确的价值取向，往往要求旗帜鲜明，要求个体掌握一定的社会规范和道德标准，形成科学的人生观和价值观。而心理健康教育则不代替当事人作价值判断，在充分理解和尊重当事人的人生观和价值观的基础上让他们自己做出各种判断和选择。这样做的目的是通过帮助当事人理清事实，培养其判断、抉择能力。

二是对象观不同。教育强调将教育对象看成是塑造的对象，要求他们以社会为本，要服务于社会，为他人着想；而心理健康教育则把每一个人看成平等的个体、服务的对象，注重当事人的内在需求和本能的发展，培养自尊、自爱、自强，最终达到自我实现。

三是目标定位不同。教育的重点在于通过对受教育者进行马克思主义世界观和方法论的教育，主要是按社会和国家的要求来规范个体的行为，并帮助他们解决社会认识倾向问题。在社会主义的初级阶段培养个体树立起共产主义的世界观、人生观和价值观，逐步提高思想政治道德素质。相对而言，心理健康教育的目标属于个体与环境之间的关系方面，它要求人们以一种平和的心态处理与周围环境的关系，即：不焦虑、不紧张，内心没有强烈的矛盾冲突。

四是教育内容不同。教育的内容具有鲜明的阶级性和时代性，在不同的历史时期强调不同的内容，大致可以分为政治教育、思想教育和道德教育三个方面。主要偏重于政治观点、社会规则的学习，力图使人辨别是非、善恶，美丑，追求高尚的思想与品行。心理健康教育主要在心理卫生、社会适应、职业选择、心理障碍、行为异常等多方面指导和教育。主要偏重于认识自我，培养良好的自我意识，强化其自知、自尊、自信、自助、自律、自控能力。

五是教育方法不同。教育多采用的是自上而下的教导和灌输并以理论教育和宣传为主，主要采用外部宣传教育的引导来实现正面说服、榜样示范、批评表扬、实际锻炼等方法。而心理健康教育是一种平等的讨论问题过程。教师要以辅导者的身份，非指导性的态度去面对受教育者，主要采用普及心理学知识，让受教育者进行角色扮演，对受教育者进行心理训练、心理测量、心理咨询、心理疏导等方法。

（2）教育和心理健康教育的内在联系

——教育与心理健康教育的共同性

首先，两者有共同的教育对象。教育与心理健康教育教育的对象都是人，都是为提高人的整体素质而服务的。其次，两者有类似的教育途径。虽然两种教育在操作的具体要求和内容上有所不同，但它们具有共通的运行"模式"。再次，两者在弘扬人的主体性方面目标一致。教育的目标与心理健康教育目标在实现方式与层次上有差别，但这并不是教育目标与心理健康教育目标一致性的障碍。两者都是培养高素质的人才，都是要培养全面发展的"四有"新人，都是帮助人们排解各种心理问题，优化知、情、意，行等方面的素质，促进人们社会适应能力发展，不断提高综合素质。

——教育与心理健康教育的互相补充性

一方面，教育需要心理健康教育的支持和补充。理由是：心理健康教育适当扩充和完善了教育所需要的目标和内容。教育过多关注社会对人的思想政治道德规范方面的要求，强调人是否能够正确地认识自然、认识社会、认识国家，如何处理个人利益与国家利益之间的关系等。对于如何认识自己，如何成功地进行人际交往，如何发展个性，如何学会正确的生活，如何选择与个体相适应的专业与职业等生活实践方面的关注不够，对提高个体的心理素质重视不够，而这正是心理健康教育要解决的重点问题。所以，心理健康教育对教育进行了有益的扩充与完善，有利于个体完整人格的发展，心理健康教育正是以其自身的优势弥补了教育的不足。

另一方面，心理健康教育也需要教育的"导引"和"参与"。从心理健康的结构来说，心理机能的发挥无疑受主体内在的更为隐性的思想意识所制约，如个体对社会的意识，个体对群体的意识，个体对自身的意识等，而这些意识又受制于主体在学习过程中逐渐形成的世界观、人生观与价值观。这意味着心理健康的人能够具有明确的观念、能身体力行。心理健康教育与咨询的实践已经证明价值观问题是许多心理问题的诱因，缺乏道德观念与坚持"超道德"观念是人格异常者与神经症患者常见的特征。因此，作为个体、群体心理健康教育的手段与途径，都有教育的"参与"乃至"干预"。这是必要的，也是必然的。

——教育与心理健康教育的相互作用性

一方面，教育是心理健康教育的前提。个体健康的心理素质，表现为良好的意志品质、积极的人生态度、乐观豁达的处世方式等，这些都是他们从小就受到的教育的内容。因此，要切实开展心理健康教育，首先要适应时代变化，切实开展教育。

另一方面，心理健康教育为有效地实施教育奠定了良好的基础。一个人心理健康才能够正确地认识自己、接纳自己、对自己负责，才能够成功地与他人交往，才能够正确地体验教育的目的与意义，通过理智的分析、情感的体验来接纳教育的观点和要求；相反，一个人如果心理不健康而自卑、孤僻，有人际交往障碍，那他就失去了接受教育的最基本条件。比如从宏观上说，爱国主义和集体主义教育是教育的基本内容，实施这些教育对个体形成良好的思想道德修养是十分必要的。但如何将这些教育内容内化为个体的素质，就需要从个体的心理实际出发进行引导。因为对个体来说，如何正确认识自己、认识他人，如何正确对待师生关系、同伴关系等是形成爱国主义和集体主义思想的基础，也是爱国主义和集体主义思想在平时学习和生活中的具体体现。所以说，对个体的自我意识，人际交往等方面的指导是心理健康教育的重要方面，也是爱国主义和集体主义教育能否取得实效的重要基础。

综上所述，教育与心理健康教育两者之间紧密相联交叉重叠，但各自也有不能替代的部分，在个体素质的全面发展中各有特殊的作用。为此，我们既不能无限扩大心理健康教育的范围，用心理健康教育代替教育；也不能无限缩小心理健康教育的范畴，而失去自身的特点和功能。在具体的教育活动中，应当保持各自的相对独立性。但两者之间的联系又提示我们，在教育中吸收心理健康教育的营养，可以开拓传统的途径，提高教育的实效性。所以，教育与心理健康教育应为培养人的全面发展这一共同目标，找准两者的结合点，在各司其职中相互促进、在各得其所中共同提高就可以取得异曲同工、殊途同归的双赢效应。

4. 教育与心理健康教育的结合点

找准教育与心理健康教育的结合点，并在实施双项教育的实践中相互促进，必将提高两种教育的实效性，共同推进人的全面发展。找准教育与心理健康教育的结合点，必须从两者的区别中找到两者的内在联系，在两者的内在联系中去找可能的结合点。教育与心理健康教育都是外部教育，要想取得教育的实效性，必须解决接受教育者的内在心理机制。这不仅是两种教育都需要解决的共同的重要前提，也是两种教育之间相互联系、相互影响、相互促进的最基本的结合点。因为，接受教育是在实施外部教育的影响下，受教育者选择和获取教育与心理健康教育信息的一种能动活动。接受教育过程不仅与教育内容、教育方法有关，而且与受教育者的心理活动紧密相关。接受教育的心理活动是教育能否取得实效性的关键心理机制，更是心理健康教育必须首先解决的基础任务。心理健康教育只有解决好接受教育的心理问题，才能针对受教育者不同的心理问题实施有效的健康教育。同时，也为教育提供接受教育的心理基础。

教育与心理健康教育的结合点，从接受教育心理机制角度讲，主要体现在以下三个方面：

第一，接受教育的动力。接受教育的动力是指受教育者接受教育的内部力量。接受教育的动力决定着个体在教育与心理健康教育过程中接受外部教育的积极性、选择性，以及接受方式、方法和接受程度。接受教育的动力由个体的需要、动机、兴趣、理想、信念以及世界观、人生观、价值观等成分构成。其中、人的需要是接受教育的原动力。人的需要的产生主要取决于两个条件：一是个体体验到的某种缺乏的不足之感；二是个体期望得到某种获取之感。人的需要就是这两种体验的心理状态。当教育对象产生了接受教育的需要时，心理上就会处于渴求的紧张状态，形成一种内在驱动力，这种内在驱动力驱使受教育者自觉地接受教育。动机也是一种引发活动的内部动力，接受教育的动机能够引起和推动接受教育的行为；人的兴趣爱好是接受教育的间接动力。人们对感兴趣的事物，喜爱的活动表现出积极的态度，会产生肯定和愉快的情绪，会激发动机引起行为。因此，教育与心理健康教育的兴趣作为一种认识倾向，它会推动自觉地接受两种教育。爱好则是一种活动倾向，它能够引导人自觉地参加教育活动。观念系统是接受教育的主导动力。人的观念系统（主要包括世界观、人生观、价值观、理想信念等）的形成有赖于教育，观念系统一经形成反过来又对教育提出要求，并主导人们接受教育的行为。观念系统主导接受教育的需要、动机、兴趣、爱好；主导接受教育的方式、活动的质量等。

总之，解决接受教育的动力问题，不仅有赖于心理健康教育解决接受教育动力的心理基础问题，也有赖于教育解决接受教育动力的主导思想问题。因此，只有两种教育的有机结合，才能切实有效地解决接受教育的动力问题。

第二，接受教育的能力。接受教育的能力是指直接影响受教育者顺利有效地完成接受教育活动的个性心理特征。接受教育能力是顺利完成接受教育活动的心理因素；是直接影响接受教育活动效率，影响接受教育活动效果的重要条件和保证。接受教育能力主要包括：认知能力、内化能力、操作能力。其中认知能力是受教育者对教育、对社会所要求的思想政治道德规范的感知、记忆、理解等能力的综合表现。认知能力的强弱直接影响接受教育活动的进行，直接影响对思想政治道德的理解和掌握。因此，在教育过程中，提高受教育者的认知能力是教育的首要环节。而提高受教育者的认知能力则有赖于心理健康教育；接受教育中的内化能力是受教育者从内心深处相信并接受教育的要求，自觉地把这种要求转化为自己的思想、观点的能力。也就是受教育者通过接受教育，将社会意识形态转化为个人思想政治品德的能力。是对思想政治道德的理解力、同化力、创造力的综合表现。受教育者内化能力的强弱直接影响接受教育的效果。而内化能力的提高也离不开心理健康教育。接受教育中的操作能力是受教育者把社会意识和道德规范内化为个体的思想意识，并在实践中践行的能力，是受教育者自我约束力、行为控制力、调节力的综合表现。操作能力的强弱直接影响受教育者个体的行为表现和行为结果。而提高操作能力既有心理因素，也有思想作用，因此，只有教育与心理健康教育有机结合才能有效提高教育对象的操作能力，促进身心健康和良好的思想政治道德行为。

第三，接受教育的心态。接受教育的心态是指接受教育者在接受教育活动中的心理状态。接受教育过程中的心理状态对接受教育活动具有很大的影响。一是接受教育的心态影响接受教育的态度。受教育者愉快的心态，会促进他们愿意接受教育，对教育与心理健康教育持一种积极的态度。相反，他们处于冷淡、烦闷的心态时，就会对教育不感兴趣，甚至是抑制的态度；二是接受教育的心态影响接受教育的质量。教育对象的积极心态，促使他们在接受教育时注意力集中、思维活跃，认真接收信息，积极思考，有利于教育内容的内化；三是接受教育的心态影响接受行为。受教育者的积极心态是促进接受行为产生和维持的心理条件。积极的心理使受教育者正确的对待教育者，对待自己，对待教育，激发对教育与心理健康教育的情感，树立接受教育的信心，从而保持积极主动的接受行为。接受教育的积极心态的调节主要取决于心理健康教育。在现实社会，受教育者对接受教育的心理状态是多种多样的，其中分心、冷淡、烦闷、后悔、忧虑等消极的心态。不仅影响实施教育的活动，还直接影响教育的效率和效果。这些心理问题的解决，用教育是很难奏效的，只有借助心理健康教育来调节消除消极心态，培育积极心态，才能从根本上得到解决。

总之，教育与心理健康教育实现其共同促进人的全面发展，必须找准两种教育的结合点，充分发挥两者不同的教育职能，相互作用、相互补充、相互促进，全面提高教育与心理健康教育的实效性。

三、教育与心理健康教育结合的理论意义

在教育过程中，我们常常会遇到某些突出的或特殊的思想问题和行为表现，如重大的思想波动，顽固的思想障碍和错误观点，剧烈的思想冲突等等。解决这些问题，仅用传统的思想教育方法显得无能为力，还

需要运用心理健康教育结合人文关怀和心理疏导，从而调整好解决思想问题中的各种心理障碍，培育良好的心理基础。因此，把心理健康教育与教育结合起来，相互补充、相互促进，是新时期教育更好发挥作用的一条值得探索的途径。

（一）教育与心理健康教育相结合的必要性

教育是依据人们的思想活动规律，用马克思主义理论教育人，提高其思想觉悟和认识水平，增强人们改造客观世界能力的活动。人的思想活动规律受制于心理活动规律。恩格斯认为，"外部世界对人的影响表现在人的头脑中，反映在人的头脑中，成为感觉、思想、动机、意志"。（《马恩全集》第四卷，p228）这就是说，人的思想和心理是密不可分的，而人的行为又是受人的思想和心理共同支配的。所以，教育不能忽视人的心理作用，即人的心理素质对思想政治品德的影响，必须把教育与心理健康教育紧密地结合起来。

加强和改进教育，要以理想信念教育为核心，大力弘扬民族精神和时代精神，弘扬集体主义精神和社会主义思想。理想信念是人们在社会实践中，在主体意识的支配下，通过反复提炼而形成的高度概括化的认识。这种认识首先需要主体的积极思维，当一般的认识上升到理想信念时，它就凝结成简洁明确的结论，在人的思想和行为中处处发挥指导作用。教育的核心就是通过理想信念教育，树立实现共产主义的远大理想信念和把我国建设成为富强、民主、文明的社会主义现代化强国的共同理想信念，充分调动人的主动性、积极性和创造性，为实现远大理想而奋斗。教育实践证明，对人的理想信念教育，单纯依靠灌输的方法，其效果显然不够明显。原因在于灌输手段并不能真正解决人的世界观、人生观和价值观的确立问题。因为它没有把理想信念的确立，转化为受教育者自己的心理需要。按照心理活动规律，人的理想信念的确立必须具备能够接受外界教育的心理基础，如果忽视了人们的心理接受能力，教育就很难取得实效。因此，要通过心理健康教育培养受教育者的情感和为维护这种情感、实现理想目标的坚强意志，并在教育过程中，创造激发这种情感的环境和激发相应行动的愿望，增强人们对理想信念的心理依附程度。以往的教训就在于我们的理想信念教育只注重灌输，而忽略了灌输与接受、转化、巩固之间的矛盾。这种通过灌输确立的理想信念，由于缺乏相应的心理需要的有力支撑，因此，在社会变革和转型期，尤其在个人的生存、享受和发展欲望得不到满足或实现时，容易在拜金主义、享乐主义和极端个人主义的思想驱使下发生动摇。

历史的教训和社会的现实告诫我们，要想牢固树立科学的理想信念，必须把教育与心理健康教育有机地结合起来，用两种教育手段向人们提供科学地了解历史和社会发展规律的理论指导，自觉得出共产主义是历史发展的必然趋势的结论，并使每个为实现和维护这种理想和信念的行动都受到肯定和强化。只有这样，才能把理想和信念转变为人们在心理上愿意接受的思想现实，并努力为之奋斗。

（二）教育与心理健康教育相结合的必然性

教育与心理健康教育相结合的必然性，主要表现在接受教育的对象，即人的心理和思想是密不可分的统一体。同时，心理活动的方向和内容又受人的思想支配，而思想的发展变化又受人的心理状态的影响和制约。这一客观联系决定了两种教育相结合的必然性。

首先，人的思想形成和发展离不开人的心理作用。俄国生理学家谢切诺夫从生理学的观点提出，思想就其发生方式而言，是与大脑中枢相联系的反射性活动的一部分，即包括以感觉兴奋为始端，以一定的心理活动为终端的两部分活动。这就是说，思想的形成和发展是与人的心理作用密不可分的。因此，心理是思想的基础，思想的发展变化受人的心理的影响和制约。

其次，思想是心理活动的高级形式。从心理的产生角度看，心理的萌芽是从有神经系统的生物的感应性到感受性再到意识，是从动物才开始就已经有的反映形式。心理活动高度发展以后，到了人类才有了意识。意识是人类特有的一种高级的心理反应形式。这种反映形式主要表现为认识过程、情感过程和意志过程。而人的思想是客观存在反映在人的意识中经过思维活动而产生的，所以，思想观念是反映活动结果的高级形式。

再次，人的行为是心理和思想的结果。人的行为既受思想的支配，同时也受心理的支配。因此，人们在社会生活中所表现的行为中有些属于思想行为，有些属于心理行为，并且通过这种形式变成"理想的力量"。

总之，教育的根本目的是通过培养人的思想政治品德来引导人的正确行为。而人的正确行为又离不开人的心理支配，因此，还要通过心理健康教育，培养人的正常智能、稳定乐观的情绪、正确的自我意识、坚强的意志品质、完整健康的人格、承受挫折的能力，为发挥人的主动性、创造性提供心理支持和心理保证，从而将人们的行为规范到爱国守法、明理诚信、团结友爱、勤俭自强、敬业奉献的基本道德轨道上。

（三）教育与心理健康教育结合的实践性

教育与心理健康教育结合的实践性，主要体现在两者结合的方式方法和原则中。

1.实施教育过程中两者结合的方式方法

（1）实施基础性教育：坚持两种教育的有机结合。教育与心理健康教育中的基础性教育，主要是针对未成年人和青年学生在世界观形成时期的特点，传输马克思主义理论，引导他们树立科学的世界观、人生观和价值观，树立共产主义理想和建设中国特色社会主义的信念。这种从外部施加影响以提高个体的政治素质的教育模式，要想切实有效，离不开一个基本前提，即必须使接受教育的个体具有理解、接受并转化成个人需要的心理素质，否则，教育难以取得实效。

（2）实施针对性教育：根据不同的教育对象和教育内容，两者结合要有所侧重。对群体和个体实施针对性教育，首先要搞清教育要解决的问题，并根据问题的主体和主题确定教育内容。如果教育所要解决的是群体或个体思想方面的问题，就要以思想教育为主、心理健康教育为辅的方式进行；如果所要解决的是心理方面的问题，就要心理教育为主、思想教育为辅的方式进行。两种教育的结合必须防止脱节现象。解决思想问题的教育，不仅要抓住解决思想问题的根本实施针对性教育，同时要有效地解决产生思想问题的心理因素，提高解决思想问题的心理接受能力；同样，解决心理问题的教育，也要抓住引发心理问题的思想因素。总之，在针对性教育实践中，只有从不同角度解决好心理和思想相互影响和相互制约的关系，才能取得针对性教育的实效。

（3）实施预防性教育：依据预防的内容，科学地确定两者结合的方式方法。预防性教育是教育和心理健康教育的重要环节，是依据已知的人的心理和思想变化的规律，在特定的环境下，对人的心理、思想可能发生的违反社会准则和道德准则行为的动向和趋势做出准确地判断后，用教育手段调节、引导、阻止不良心理、思想和行为的发生。实施预防性教育，必须抓住主要矛盾和矛盾的主要方面。如，当预防性教育的主要矛盾或矛盾的主要方面是人的思想问题时，就要突出思想性预防教育，并应用相应的心理健康教育解除其逆反心理，使之成为接受思想预防性教育的心理保证；如果是心理问题，则要突出心理预防教育，同时用思想教育来提高接受心理预防性教育的自觉性和主动性，从而达到预防性教育的预期目的。

2.教育与心理健康教育相结合的原则

（1）坚持理论联系心理和思想实际的原则。在社会主义初级阶段，教育和心理健康教育的目的虽然有所不同，但从教育的特点考虑都应该坚持理论与人的思想、心理实际相结合的原则，实现教育目的性与层次性的统一。所谓教育的目的性，就是在两种教育的全过程中，始终贯彻相互作用、相互制约、相互促进的结合教育的目的。所谓教育的层次性，就是在两者结合教育的过程中，从教育对象的特点出发，承认差别，因材施教，区别不同的层次，提出不同的要求，运用不同的方法，解决心理和思想各自不同的矛盾。

坚持两种教育结合的目的性与层次性的统一，一方面要求在特定时期，教育和心理健康教育的内容必须明确具体，既有针对性，又有层次性和主辅性；另一方面，要求两种教育都必须从教育对象的特点出发，因材施教，有的放矢地提出不同要求，采取灵活多样的教育方法，达到各自教育的目的，做到相互促进。

（2）坚持解决思想、心理问题与解决实际问题相结合的原则。改革开放30多年来，伴随着我国社会生产力水平的快速发展，人们的生活水平和生活质量逐年提高。与此同时，人们对自身生存、享受和发展的需求也更加强烈、更加务实，并不断攀升，有的甚至脱离客观实际地去追求各种奢侈性需要，由此引发的拜金主义、享乐主义、极端个人主义思想，严重地影响着人们艰苦奋斗、昂扬向上的精神状态。这些由心理因素诱发导致的思想问题和实际问题，既要通过教育，引导人们树立正确的世界观、人生观和价值观，坚持树立崇高的理想信念。又要通过心理健康教育培养坚定的意志力，为及时排除和战胜各种错误思想的干扰，进一步发展自己提供心理条件和心理保证。因此，只有将教育与心理健康教育相结合，才能真正解决好思想问题、心理问题和实际问题。

（3）坚持尊重人、理解人、关心人的原则。

教育和心理健康教育都是从不同的角度做人的工作。其中教育是提高人们认识世界和改造世界能力的工作，也是端正人的思想、观点、立场和方法的工作。心理健康教育是开发潜能、促进发展、塑造人格、保障心理健康的工作，也是培养人的科学的认知品质、良好的情感品质和坚定的意志品质的工作。这两种工作不仅是教育者与受教育者在思想上的交流，也是在情感上的沟通。这种交流与沟通只有在尊重人、理解人、关心人的基础上，才能使双方在情感上相通、思想上共鸣，从而促进心理健康和思想转化。因此，两种教育都必须坚持尊重人、理解人和关心人的原则。要做到尊重人、理解人和关心人，就要做到言教与身教相结合，身教重于言教。教育者要努力克服主观主义和"本本主义"，杜绝坐而论道，克服脱离受教育者实际的"假、大、空"、"高、难、远"现象；教育者要善于发现受教育者的优点和长处，要坚持表扬和批评相结合，以表扬为主。

四、教育与心理健康教育结合的现实意义

做好新形势下教育工作，不仅需要深入研究人们思想活动的新情况和新特点，还要深入研究人们心理活动的规律和特点。运用心理学理论研究人们心理活动的规律和特点，对于做好新形势下教育工作，更好地为改革开放和社会主义和谐社会的建设提供精神动力与思想保证，具有十分重要的意义。

当前，在我国改革开放和发展社会主义市场经济的进程中，教育工作面临着很好的形势：党和政府高度重视思想政治工作，各地区各部门创造了许多教育的新经验，经济和科学技术的发展，为做好教育工作提供了很好的物质和技术条件，这些都是做好新形势下教育工作的有利条件。同时，教育工作也面临着严峻的挑战。经济成分和经济利益、社会生活方式、社会组织形式、就业岗位和就业方式多样化日趋明显，国内外各种思想文化相互撞击，给人们的心理发展和思想认知带来重大影响。

人们的思想认识和思维方式由狭隘、封闭逐步转向多元、开放，人们的眼界变得更加宽广，思维变得更加活跃，思想变得更加复杂。面对这种变化了的新形势、新情况，那种凭感性经验支配的经验型教育方法，必须向符合人们思想活动发展规律的科学型教育方法转变。

运用心理学理论可以增强教育的科学性。教育是一项教育人的工作，是一项系统工程。其间充满着许多复杂矛盾，如教育者与受教育者之间的矛盾，社会要求的思想政治规范与教育者、受教育者之间的矛盾，教育者、受教育者与环境之间的矛盾，等等。这些矛盾在深层次上体现在人们的认识、情感、意志、态度等心理因素中，在浅层次上表现为人们某种心理上的不平衡。教育是依据人们的思想活动规律进行的，而人们的思想活动规律受制于心理活动规律。过去在教育中忽视人的心理作用，忽视人的心理素质对思想政治品德的影响，难以使受教育者产生心理共鸣，效果始终不够理想。其实，我党在长期的教育实践中，形成了一整套科学的、行之有效的原则和方法，如理论与实践相结合原则、表扬与批评相结合原则、教育与解决实际问题相结合原则，因人施教法，寓教于乐法、典型示范法等。这些原则和方法之所以行之有效，主要是它们符合教育的客观规律，符合人们的心理活动规律。今天，继承和发扬党的优良传统，进一步开拓、创新，运用心理学理论探讨教育中人们的心理活动规律，进而利用客观规律来指导实践，对于增强教育的科学性无疑是大有益处的。

运用心理学理论可以增强教育的预见性、针对性和实效性。要想把思想工作做到人们的心坎上，就要了解和掌握人们的心理。人的心理活动是由客观事物引起的，又会在人的各种活动中显露出来。因此，在做教育工作之前，运用心理学理论对受教育者的心理状态和心理特点进行研究，可以掌握受教育者的心理活动规律和思想状况，及时抓住其思想和行为的苗头，这有助于增强思想政治工作的预见性和主动性，把工作做在前头；在做教育过程中，运用心理学理论，对受教育者心理活动规律进行探讨和分析，可以把握受教育者的思想动态，控制和引导其行为，提高教育的针对性。在整个教育中，推广运用心理学中的心理引导、心理相容、心理共振，以及心理威慑、心理趋同等一系列心理原则和心理方法，对提高教育的有效性是很有帮助的。

为使心理健康教育与教育有机结合起来，产生多赢效益，需要注意几个统一。

一是智力与非智力因素的统一。

非智力因素作为人格因素以独特的方式反映着人与社会的关系，它指人的心理活动中除智力因素外的一些心理因素，非智力因素起着牵制人们思想发展的方向和深度的动态作用，具体体现在动力、定向、引导、维持、调节、强化等方面。创新型社会需要高素质创造性人才，这种创造性人才，不仅需要较高的智力因素，也需要较高的非智力因素。在激烈竞争的年代，缺乏创新能力、绝处逢生的能力、面对挫折的耐力、勇敢的胆识、献身精神和执着的坚强意志，是得不到丰硕成果的。为此，教育工作者必须不断地探索，把智力和非智力教育更好的统一起来。

二是个性型与合作型的统一。

传统教育偏重单纯的科技知识和劳动技能的灌输，而新时期教育则要求学会求知、学会做人，学会做事、学会共处。人才之所以被称为人才，常常是因为他们在特定的领域做出了特殊的贡献。针对这种情况，教育应因材施教，让每个人的个性都能充分得到发展。当然，个性发展是有前提条件的，那就是必须与社会的需求和群体组织需求相结合。对此，教育工作者应该清醒的认识到："学会合作"、"学会理解"是创新人才必备素质之一。这里包括具有正确的合作观和群体创造意识，正确处理人与人之间，个人与集体之间的关系。同时，除了对人坦诚、宽厚、关心等伦理道德修养外，还要有坚实的专业基础和较宽的知识面。

三是科学技术与人文伦理精神的统一。

当今世界，科学技术突飞猛进，知识经济初见端倪，国力竞争日趋激烈。我们必须培养出高素质全面发展型人才。新时期人的全面发展包含以下三方面的内涵：首先要拥有先进的科学技术知识；其次必须具备较高的文化艺术修养；第三是必须具备较高的社会公德和社会责任感。由于市场经济趋利性的弱点，针对现在一些年轻人正热衷于"5个C条件"（事业 Career、现金 Cash、信用卡 Credit Card、汽车 Car 和公寓 Cottage），需要用富含人文精神的"5个C条件"（品格 Character、文化 Culture，礼貌 Courtesy、社会 Community、献身精神 Commitment）来调解物质、知识及精神之间的关系。新时期多样化的培养和教育使人们需要实现几个方面的精神升华：要把单纯重视货币的意识升华为重视人和人力资本的意识，从以物为中心回归到以人为中心；要把贪婪的物欲冲动和单纯的牟利动机升华为社会责任感，使事业建立在一种更高的道德规范之上；要把简单化的盲目竞争意识和损人利己升华为一种互惠互利的生态竞争意识；提高人与自然和谐统一的现代环境意识，创造和谐发展之路。

可见，实施两种教育的内容、方法及途径虽然有其各自独特的功能与意义，但两种教育之间又有相互联系、相互作用的辩证关系，决定其相结合的必然性、必要性和实践性。因此，在实施两种教育的过程中，需要综合运用，以便优势、功能互补，相互促进、形成合力，从而真正发挥心理健康教育与教育在促进人的全面发展中的积极作用。

第四章 树立人格平等观提升现代教育管理水平

一、人格内涵

教育是针对人所实施的教育，其目的是促进人的价值观、思想观、道德观等方面发生积极的变化。这种变化过程的出现是建立在教育者与受教育者之间充分认识、尊重和平等的基础上才能实现的。这里的"认识"是指对个体人格特点的认识，"尊重"是对个体人格差异的尊重，"平等"则是教育过程中双方所具有的人格平等的理念。长期以来，很多教育工作者都由领导者或政工人员担任，他们往往具有一定的权力和地位，常常会自觉或不自觉地将这种权威心态带入工作中。这种在不平等氛围中进行的教育从开始之前就决定了其结果的低效。因此，在教育实施前教育的双方，尤其是教育者所具有的人格平等观是教育实施的至关重要的前提条件。

教育在鼓励帮助每个人勤奋努力的同时，也要承认不同个体在成长过程中所表现出来的才能和品格的差异。并且要按照这种差异有区别的进行对待，使每个人按照不同的个性特点融入到和谐社会的建设和发展中。因此，研究教育者与受教育者之间的差异，有针对性地开展教育和心理健康教育工作就显得尤为重要。

（一）什么是人格

人格是个人尊严价值、道德品质的总和，是人在一定社会中地位和作用的统一。人格（Personality）一词源于拉丁文"Persona"，其意指面具、脸谱，即舞台人物角色。据说在公元前一百多年前，古罗马的一名戏剧演员为了遮掩他那不幸的斜眼开始采用面具，然后就出现了这个词。此后，两千多年来，哲学、心理学、伦理学、法学、社会学界等各领域学者，通过各自的研究与探索，提出了各自的解释：

1. 哲学的观点：

哲学认为人的理性和自我意识是人存在的核心和人格的根本属性。人格是一个抽象概念，只有表现为习惯行为时，才能使人格具体化。哲学家莱布尼茨曾说：人格是赋有理解的实体；洛克则认为人格是一个会思考的聪明的存在物，能推理和反省并能考虑自我本身。

2. 心理学的观点：

心理学认为人格是人与人之间的差异，包括个性倾向性和个性心理特征两个方面，具体体现为人的需要、动机、兴趣、能力、气质、性格等的差异。人格在我国心理学界泛指个性。

3. 伦理学的观点：

伦理学认为人格是道德上的权利和义务的主体，具有崇高的价值，道德使人与动物相区别。陆宰把人格看成是完善的理想；歌德把人格当作最高的价值；康德则认为："人格把我们本性的崇高性清楚地显示在我们眼前"，"人格是每一个人的那种品质，这种品质使他有价值，不管别人怎样使用他。"

4. 法学的观点：

法学发展了人格的内涵。在古罗马查士丁尼法典即罗马民法法典中规定，所谓人格是一种作为权利人主体的资格，泛指"享有法律地位的任何人"。因为当时在古罗马，奴隶不是人，他们只是会说话的工具，因而他们不具有人格。当代法学保留了人格这一法律学的含义，而且进一步引申为"一个活的人类生物，包括他的一切"。甚至不仅包括一个自然人的权力、义务和他的一切，而且是一群人或法人的权力与义务。

5.社会学的观点：

社会学认为人格是成人所具备的个人性格，是个人行为特质表现的统一性和固定性的配合模式。我国社会学家孙本文认为，人格是一个人在对人的态度和行为方式上表现出来的习惯系统。

关于人格的解释不仅仅局限于这几个方面，而是要广泛的多。但无论各学科如何进行界定，人们对于人格的描述始终是围绕以下四个方面展开的：

1.人格是个体的心理行为模式

人格是由人的内在的心理特征与外部行为方式构成的，它不仅仅是一些单一的心理特征或行为方式，而是这些心理特征和行为方式相互联系形成的一定组织和层次结构的模式。

2.这种心理行为模式是独特的

每个人的人格都是独特的。这种独特性不仅仅表现在每一个人的稳定的态度和与之相适应的行为习惯上，更主要的则表现在整体心理行为模式上。

3.这种心理行为模式是相对稳定的

人格一经形成，便具备相对的稳定性。这是因为人格及其特征在时间上具有前后一贯性，空间上具有一定的广泛性。例如：某个人性情比较急躁，他昨日是这样，今天是这样，明天很可能也是这样。同样，这个人在学习上比较急躁，工作中也是这样，甚至在日常生活和人际交往中也表现出急躁。

4.人格是后天形成的

人格不是生来就具有的，而是在先天生物遗传素质基础上，通过与后天环境相互作用而形成的。个体从生命开始，遗传素质与环境作用就不可分割的联系在一起，它们共同对人格的形成发展发挥作用。并且，它们的作用不是简单的相加，而是复杂的交互作用。一方面，环境影响使遗传素质的作用得到发挥和表现；另一方面，个体的遗传素质也制约着环境影响作用的实现。这种相互制约、相互作用，共同影响着人格的形成发展。

（二）影响人格形成的主要因素

简单说人格的本质就是人与人之间相互区别的差异。在进行教育的过程中，了解这种差异及这种差异产生的原因将会在一定的程度上起到事半功倍的效果，因此，教育者有必要去了解人与人的这种差异，更有必要去了解这种差异是如何产生的。对于影响人格形成的主要因素，我国以及西方的学者们都有精详深入的研究。

我国的思想家历来重视人性的探讨，例如，孟子认为：人性本善；而荀子则主张人性本恶；孔子提出了一个较为中庸的说法："人之初，性本善；性相近，习相远"。孔子还曾十分重视环境熏陶对人格形成和完善的作用，因此，他提倡"择邻处仁"、"见贤思齐"、"择善而从"等培养良好人格的教育原则与方法。

西方关于人格形成影响因素的研究一直是在各个心理学流派间展开的。例如精神分析学派强调天生的本能是影响人格形成的主要原因，遗传决定论者霍尔就说："一两的遗传胜过一吨的教育"；行为主义的创始人华生有一段名言："给我一打健康的儿童，再给我所需要的环境，我能让他们长成你所希望的任何人。这个人可能是医生、律师，也可能是强盗、小偷……"；人本主义学派则强调对个体的无条件积极关注会促进人格的完善……。

我国古代和西方有关人格的理论，尽管表述方式各不相同，但认识的主旨却殊途同归。都一致认为影响人格的因素主要包含以下四个方面：

1.先天因素：先天的遗传条件为人格的形成提供了物质基础和可能条件，人格向什么方向发展取决于个体遗传所获得的解剖上的生理特点。

2.环境因素：后天的环境条件为人格发展提供了现实的可能条件。可能影响人格发展的方向、性质，以及发展的速度与水平。

3.学习与教育因素：学习与教育因素是人格形成与发展的现实条件中的人为因素。在充分利用遗传条件的基础上，充分发挥学习和教育因素，可以人为干预人格形成与发展的方向、性质及速度与水平。

4.主观因素：任何先天因素和后天因素，任何物质条件和可能条件，只有通过个体主观因素的过滤与选择，才能成为推动人格形成与发展的现实动力。所以，再好的遗传因素、再优越的环境和教育条件，如果离开了个体的主观努力，一切都没有意义。

今天，在建设社会主义和谐社会的过程中，研究有关人格的理论，具有极强的现实意义和实践指导意义。对此，我们在进行教育和心理健康教育的过程中，应充分认识教育者自身的人格特点，积极关注受教育者的人格差异，树立每个人在人格上的平等意识，营造祥和的教育环境，以人格理论为依托，有针对性地进行教育，把教育与心理健康教育有效地结合，塑造优良的社会人格，促进全民族身心健康发展。

二、树立人格平等观是教育有效性的前提

在教育的过程中，人们越来越意识到只有以教育者和受教育者的人格平等为前提，才可以更好的保证教育的有效性。社会主义和谐社会是新时期加强教育的社会基础。将"和谐"用于人际关系，"宽则得众"，以宽和的态度待人，就会取得他人的信任。因此，在教育中应建立和谐的人际关系。要树立以受教育者为本的教育的理念，教育者要全方位关心、爱护受教育者，充分尊重受教育者，促进受教育者人格的完善。树立人格平等观是教育有效性的前提。

（一）人格平等观

人格平等指在社会地位和物质财富的追求上，以及在思想的独立和精神的追求上，人与人拥有平等的权利。在教育过程中体现人格平等具体表现为教育者与受教育者抛弃了权利与地位的差距，通过平等的身份互动交流和交往，没有了传统教育中的教育者为尊，受教育者为卑的现象，更没有了以往教育中的俯首帖耳，唯命是从。教育者与受教育者是相互平等的个体，可以自由交往和共同交流。要想实现教育中的人格平等，我们首先要打破传统教育中的误区，转化教育的理念，才能进行平等教育。

（二）传统教育中的误区

千百年来，我国一直处于封建主义社会，导致人们形成的传统教育观念认为，受教育者处于必须绝对服从的附属地位。具体表现在教育中的不平等的人际互动：教育者教，受教育者听；教育者无所不知，受教育者绝对无知；教育者制定纪律，受教育者服从纪律；教育者选择教育内容，受教育者无条件接受教育内容等等。在这种教育观念下，教育中的受教育者将永远处于被强迫性的教育情景中，他们无法改变上下级间不平等的强迫性关系结构，更不可能成为"独立自主的个体"。教育者们往往低估了受教育者在确立人生目标和选择人生道路方面的主动性与创造性，教育者往往把教育者与受教育者之间观念、能力水平的差异误以为是二者在主体人格上的不平等，导致在教育过程中，教育者完全从自己的意愿出发去教育受教育者，而少有教育者与受教育者之间的平等对待、相互交流、相互沟通。这就造成了教育者与受教育者之间的相互隔阂，甚至相互对立。教育者把自己当作上帝，以高姿态对受教育者耳提面命，受教育者不是平等的合作伙伴，而是灌输的对象。教育者是教育的控制者，他通过提出明确的、硬性的要求和作出评价，把自己的观点强加给受教育者，受教育者成为教育者权威的服从者。受教育者失去独立性，逐渐对教育内容失去兴趣，甚至成为教育的旁观者。于是，在教育中，受教育者在心理上出现了排斥，进而导致了教育的低效化。

此外，造成思想政治工作低效的还有一项重要的原因，就是长期以来我们忽略了人格教育及培养。人格教育是教育的基础，没有这个基础，教育就犹如无根的浮萍，总是漂流在人的思想表面而不能深入下去。原因在于：第一，人格是人的价值观念形成的稳定的心理基础。人的价值观念必须统一和稳定，而这就需要人的心理活动与其人格形态的统一。否则，分裂的人格只能产生分裂的观念和行为。第二，人格是形成特定世界观和人生观的内在心理依据。世界观是对于世界的认识，正确的世界观虽然来自于正确的理论学习和实践，但如果没有良好的人格形态作为心理依据，外部的观念灌输就很难起作用。第三，人格是形成特定道德修养的主要动力。人格具有特质化的特性，人格一旦形成，人就具有了相应的内在特质，不同的特质会适应不同的道德倾向，良好的人格特质自然容易建立良好的道德品质。当然，人格的这些基本作用并不是绝对的，还需要与人的价值观、世界观、人生观和道德意识发生相互的影响和转化作用。这就决定了人格既有稳定性，也有可变性，这些特性也决定了良好人格的养成具有一定的难度。总之，人格的形成状态与思想认识和道德修养是一致的，如果人格形成的不够完善也会造成教育的低效化。

（三）当代教育理念的转化

近半个世纪以来，人们越来越意识到教育者不再是知识的权威、教育过程的主宰、受教育者的对立面，教育者是"平等者中的首席"。教育者应是好的倾听者和交往者，而不仅仅是好的讲解人；倾听受教育者，重视受教育者的内心世界，让受教育者有话敢说，消除教育者与受教育者之间的心理紧张气氛，让受教育者好学的天性发挥出来，从而乐于探讨和获取新的思想和理念。教育者积极倾听的意图，不仅是"裁判"，而是要将受教育者不同的观点联系起来，积极地与受教育者的想法产生共鸣，让受教育者从自己的经验里悟得知识。

这也正是布鲁纳所说的，"了解人类状况从而理解人类构建世界的方式远远比建立这些过程性结果的本体地位更为重要"。"意义不是从文本中提炼出来的，它是从我们与文本的对话中创造出来的"也就是说，在教育中通过积极的教育过程，教育者与受教育者之间可以双向、多向的建构，生成丰富意义的知识和经验。这种教育理念的转化必将促进教育具有进步意义的变革，它将为教育中的人格平等奠定基础；为教育与心理健康教育的结合提供平台；更为教育的高效化提供可能。

（四）形成正确的教育理念——树立人格平等观

教育者与受教育者，是教育活动中两个最基本的、最重要的主体因素。一切教育活动，都是由教育者与受教育者双方互动合作的结果。因此教育者与受教育者之间的关系一直是影响教育成效的一个重要因素。在知识经济、素质教育的环境下，教育要走向人本化、人文化、民主化与个性化，张扬教育者与受教育者之间人格平等的教育理念，是教育的首要策略选择，是教育有效实施的基础。

1.教育者与受教育者人格平等的必要性分析

在教育活动中，教育者与受教育者总是处于共同的教育情景中，教育者与受教育者是作为教育活动中交往的主体即围绕教育任务为中心的"人——人"的关系而出现的。因此，教育者与受教育者之间关系是教育活动中的核心部分，同时也是教育活动最外显的表现形式。人格平等的教育关系是具有重要的教育价值的。

第一，保证教育者与受教育者的人格平等，可以促成教育效果的最大化。它包含教育者教育质量的达成及受教育者知识体系的更新与能力的提高两方面。教育者与受教育者人格平等理念的确立，将彻底打破"教育者是教育的主体，受教育者是被动的客体"的传统教育关系和陈腐教育理念。在教育者与受教育者之间人格平等的教育活动中，教育者与受教育者都是独立的个体，有着平等的人格，他们共同交流与对话，共同学习、共同提高以及共同发展。不再有教育者的受教育者及受教育者的教育者。这样教育者不再是权利主义的象征，受教育者也不是被外在塑造的对象。在教育者尊重受教育者人格的教育过程中，受教育者的独立人格被唤醒，教育者的合作者身份被广泛认可，受教育者学习的积极性被调动，而潜在的创造力也被最大程度的挖掘。同时，在这种教育者与受教育者之间积极肯定认可的民主平等的教育情景中，受教育者的心理充满了信任感和安全感，接受教育就会变得乐意而有成效了。

第二，保证教育者与受教育者的人格平等，可以完善受教育者的人格。人格是以价值观念为核心的个人心理、社会文化素质的结合，是个性倾向性与个性心理特征的综合体。受教育者形成健全的人格，不仅指受教育者自己拥有完满的人格，而且表现在受教育者能尊重其他不同个体的人格。受教育者的人格不是与生俱来的，而是受教育者在学习、接受教育与自身努力等各种活动及其周围环境的不断交互作用中形成的。尤其重要的是，受教育者的人格是受教育者与教育者在共同完成教育与接受教育的活动中被塑造的。因此，受教育者参与的每一项学习活动，都会影响到他们的动机、兴趣、信念及世界观等个性倾向性，从而影响受教育者的整个人格。21世纪需要的是完美与健全人格的人才。教育者对受教育者人格的尊重与否，直接关系到受教育者完美与健全人格的形成。把受教育者看成是人格平等的人并给予尊重，受教育者才会既拥有自我意识，又形成自我的独特人格；才会要求别人既关注自己的人格，又会约束自己尊重别人的人格。因此说，受教育者应该尊重自己的教育者，教育者也必须尊重受教育者人格的平等理念，是受教育者形成完整、健全人格的最具有说服力的潜在性教育影响。

2.人格平等的支持性条件

马克思主义认为：当主体与客体的关系，表现为教育者与受教育者之间的关系时，任何一方既可以是主体又可以是客体。因此，在教育中，教育者与受教育者之间相互交往所反映的是教育者与受教育者之间的互为主体关系。互为主体关系体现了教育者与受教育者双方共同拥有某种和谐、某种一致，而其中最主要的是教育者与受教育者之间人格上的某种一致，即教育者与受教育者之间人格上的相互平等。可以说，这种以互相交往为形式构建起来的教育者与受教育者之间关系，本身就意味着教育者与受教育者之间双方都是具有同等的独立人格的自由主体。人格平等，是我们追求的理想的教育者与受教育者之间关系，它的实现，需要一些支持性条件。如：教育观念上要坚持人格的平等；行为上要处处体现受教育者与教育者人格上的平等。

这种人格平等，首先要在教育活动中，还原受教育者的主体地位。当教育者与受教育者之间关系被看成是一种 "统治者"与"被统治者"的关系时，当受教育者的教育生活被僵化成一种知识学习的内容时，受教育者在这种关系中的体验是消极的，感觉是被控制的与无助的，从而人格的平等被关系的等级地位、主从地位所取代。还原受教育者的主体地位，原则上要求建立一种体现教育者主导作用与受教育者主体地位互动原则的、和谐的关系。同时，也由于受教育者是具有可塑性独立人格而正在发展中的主体，教育者有责任、有义务帮助受教育者培养主体性意识，以受教育者主体性的养成来完善受教育者完整的、健康的人格。其次，是要处处尊重受教育者，还原受教育者的"主体性"。还原受教育者的主体性，一方面，教育者应该把他们看作一个完整的"人"，给他们自我选择、自我决定的自由。因此，在教育的过程中，淡化教育者权威意识，与受教育者进行平等交流，与受教育者共同体验，摒弃那种对象性极强的教育者"教"、受教育者"学"的关系，是树立对受教育者主体地位与人格平等的必要前提。只有具备这个前提，教育者才能恰当地把教育目标融入受教育者的兴趣、需求中去，受教育者才能萌发主体意识，才会意识到自己的主体地位，也才能在学习和受教育中形成健全完整的人格。另一方面，要尊重受教育者。教育者在教育过程中尊重受教育者，既要把受教育者看作教育活动的主人，尊重受教育者的兴趣与爱好，尊重受教育者各个方面的发展。也要尊重受教育者的基础差距和发展差异。还要对所有的受教育者一视同仁。只有这样，教育者才能对所有受教育者的人格都抱有同等的尊重态度，才能使教育者承认、接受受教育者个体发展的差异，并通过教育者的语言、目光、表情等一系列具体形式来完成教育者对每个受教育者成就或行为的肯定与期望。在这种相互尊重、互相期望的教育过程中，教育者的语言诱导、目光诱导、身教诱导所体现出的尊重受教育者的外部表现，内化成双向互动的动力机制，并由此真正达成受教育者一生所需要的自我发展的自信心与自我发展动力。

三、教育过程中实施人格平等观的方式

在构建社会主义和谐社会，建设社会主义核心价值体系中，党中央明确要求，教育工作必须贯彻以人为本的思想，落实受教育者的主体地位，确保教育者与受教育者的人格平等。为了达到这一要求，在进行教育的过程中，各级教育部门和教育者进行了多方面的尝试与努力，总结出一些切实有效的实施策略，具体如下：

（一）提倡"信任、对话、沟通、理解"的教育理念

首先，建立信任。信任，是教育中互相尊重，平等相待的一种表现。信任，是一种约束、也是一种激励。因此，教育发挥其实效性，首先要给受教育者一种信任感。这点是教育发挥实效性的重要前提。只有在这个前提下，教育者尊重和信任受教育者，才能充分调动受教育者的主动性、积极性，才能激发出受教育者的动力；只有尊重和信任，才能使教

育者与受教育者之间的关系更加融洽，使教育者及时掌握受教育者的思想脉搏；只有双方尊重和信任，才能使受教育者产生"期望效应"。调查表明，受教育者欢迎和尊重的教育者都是信任受教育者的。前苏联教育家苏霍姆林斯基说过："信任才能换得信任"。从心理学的角度分析，信任是一种心理状态。在这种状态下，信任者愿意处于一种脆弱的地位，这种地位有可能导致被信任者伤害自己，但通常信任者对被信任者都抱有正面期待，认为被信任者是不会伤害自己的。可以说愿意信任别人的人是承担着一定的风险的，这不仅仅是一种宽阔的胸怀，更可以说是一种勇气。在教育的过程中，受教育者一般都具有渴望得到教育者的信任、理解的心理需求。随着他们年龄的增长，交往范围的扩大和个体意识的增强，他们自我表现的欲望和自我荣誉感也会随之增强。而教育者首先要做的就是保护好受教育者的自尊心和自信心，并加以正确的引导。教育，应是情感教育，需要用爱心、信任去激发。教育过程中，教育者要想得到受教育者的尊敬和信赖，就必须先尊重、信赖受教育者。只有用自己对受教育者的信任，才能赢得受教育者的信任。

其次，坚持对话。这是教育过程的主要手段。从存在论的角度看，对话具有唯一的实在性，它是人类的精神家园，是我——你世界之间的相遇关系。在教育过程中，对话不仅仅是一种教育方式和策略，而且是教育本身。教育就是对话，是教育者与受教育者的对话，是人类的历史经验与受教育者个体的对话。在对话的交互关系中，教育者不应作为思想、道德的占有者和给予者，而是通过对话完善受教育者的心灵，这不仅需要增强教育者的对话意识，提高对话的技巧，也要积极培养受教育者的对话能力，才能使教育者与受教育者之间在平等的基础上对话，彼此敞开自己的心扉，去真诚地倾听彼此的心声。教育者与受教育者之间不是单纯的政治观念授受，更是共同进行有关学习主体、意见、思想、情感的交流和分享，在对话中升华对社会、对人生的意义。

再次，倡导沟通。这是教育的有效措施。广义的沟通是指人类整体的社会互动过程。在这一过程中人们不仅交换观点、思想、知识、情绪等信息，而且交换相互作用的个体的全部社会行为。从价值角度看，沟通还是人存在的目的之一。"通过理性，透过对人类语言行为的分析，肯定了人际间真诚的沟通并非纯然是一种手段，其本身是人类存在的目的之一，或者说这是人性的其中一部分"。（阮新伟：批判诠释与知识重建，哈贝马斯视野下的社会研究【M】；北京社会科学文献出版社；1999，P168）"在真诚的人际沟通里，人类分享了相互依赖和信任的存在意义和喜悦；亦即是说，这是一种在人类共同分享的过程里才可以获至的存在意义。"（顾习龙：在教育过程中建构和谐的师生关系；沧州师范专科学校学报；21卷第四期，2005年12月，P59-61）在教育过程中，正因为缺乏必要的沟通，教育者与受教育者之间相隔在两个不同的世界。然而，受教育者思想上的困难、矛盾、困惑、迷茫不知向谁倾诉，使部分受教育者心情压抑，导致心理疾病，甚至发生悲剧。坚持真诚的沟通是教育的有效措施。沟通使教育者与受教育者之间产生信息的双向流动，实现互知而达到共识。教育者与受教育者之间只有在真诚的沟通中才能协调彼此的情感与行为，满足受教育者的需要，增加智慧，丰富生命的体验，提炼生活的意义。当然，沟通需要以感情为基础，而教育者与受教育者之间感情的建立又是以教育者在受教育者心目中的形象为基础的。因此，教育者在真诚的沟通中树立自身的形象，培养接受教育的情感、实现教育的根本目的。

最后，相互理解。这是教育过程的价值取向。教育者与受教育者之间不仅需要了解，更需要相互理解。这就要求，教育者要理解受教育者在学习、工作和生活中所遇到的困难和问题、所存在的差异、以及所取得的成就与进步。同样，受教育者也要理解教育者在实施教育中的困难，所具备的教育水平的高低等等。没有这种相互理解，教育者与受教育者之间就会失去教育的信任基础和教育前提，也就不能很好地完成教育和受教育的任务。从哲学的角度看，理解作为人存在的基本方式和特征是以理解者与被理解者之间相互回应为基本表现形式的，也是理解者与被理解者之间的一种意义关系。理解的任务就在于使理解者的"现实世界"与理解对象所包含的"历史世界"相互交融，实现 "世界融合"，形成一种新的"世界"。教育作为以受教育者为对象，塑造与建构其精神世界的一种特殊的精神性生产活动，指向的是受教育者的精神生活领域，其直接目的是培养、塑造受教育者的精神世界。教育者与受教育者之间互相倾听彼此的心声，彼此敞开自己的精神世界，在理解中，获得政治思想、道德品质的交流和意义的分享。

（二）建立教育中平等的人际关系

实现平等是进行教育过程的人性基础。人是生而平等的。在教育中，教育者与受教育者作为具有完整人格的"我"与"你"的相遇，不只是知识的授受，而且包含情感、精神、思想、智慧的交换，教育者只有平等地对待受教育者，才能更好地开展教育活动。教育者与受教育者之间应建立一种共同讨论话题，建立合作关系，共享精神知识和智慧的民主式的交流和交往模式。这就要求一方都把另一方看作是与自己交流的"你"，双方都以平等的姿态在共同的话题上展开交流。这种交流是开放的以理解他人为前提，以信任他人为基点，并真诚表达自己的观点，达到二者之间的融合。教育者只有在真诚的"你——我"关系中，才能启发受教育者，引导受教育者在思想与政治方面不断提高；同时把受教育者作为发展的独特个体，尊重受教育者，而不是把受教育者看作是无知的人，用自己的权威使受教育者接受教育。在"你——我"平等的人际关系中，双方作为完整的人在交谈、相遇、自由地展现各自的情感与理性、经验与知识，都真诚地投入到"我"与"你"的对话中，双方都在理解中获得沟通，在信任中获得共享，教育者与受教育者之间真正地实现"教育相长"。

教育要以人为本，就是要以教育者和受教育者为本。社会主义社会的性质决定教育者和受教育者都是社会的主人，都是教育活动的主体。这种主体地位的确立，不仅是对传统教育偏重教育者主体地位的一种矫正，更重要的在于教育实践中，真正体现以人为本的理念，发挥受教育者的主体作用。

教育者与受教育者之间要作到人格上的平等，首先要有平等的理念。所谓平等，就是把受教育者看成是同自己一样具有自觉的主观意识与独立人格的主体。在教育过程中教育者与受教育者进行交往时，教育者角色定位的正确及与之相适应的角色行为是建立教育者与受教育者之间人格平等关系的关键。教育者与受教育者之间在教育活动中虽然是指导与被指导的关系，但实际是从不同的角度体现着主体地位。教育者作为指导者、主讲者、建议者的身份，发挥着他的主体地位和作用。而受教育者是在学习、创造中体现着自己的主体地位的，这种从不同角度体现互为主体的双方在人格上都是平等的。教育者与受教育者之间人格平等关系的建立，关键在于教育者要树立受教育者主体地位的思想。而受教育者的主体性也表明：他们不仅仅是各种权利的主体，而且在接受教育影响时也具有自己的选择。因此，把受教育者提到一个平等的位置上，尊重受教育者，依靠受教育者开展好每一次教育活动，应成为教育者从事教育工作的一个重要信条。

其次是情感投入。教育者与受教育者之间人格上的平等，需要教育者情感的高度投入。著名教育家吕型伟说过"没有爱的教育，是死亡的教育；不能培养爱的教育，是失败的教育。"教育活动要让受教育者产生共鸣，发生互动，教育者要有情感投入，受教育者也要有情感的投入。热爱受教育者，是教育工作的核心所在，也是教育效果达成的"催化剂"。教育过程中教育者高度的责任感、崇高使命感及教育者对教育事业的无限热爱，是教育者热爱受教育者的基础。受教育者的感情投注，热爱受教育者，既是教育者与受教育者之间合作、启动受教育者心智的"金钥匙"，又是教育者进行正常教育的必要保障。由于教育者对教育事业、对工作的高度责任感及对受教育者无限的热爱，往往也能认同并尊重受教育者的独立性、主体性，并在活动中处处实践着教育者与受教育者之间人格上的平等。

最后是支持原则。所谓支持原则，就是教育者在教育活动过程中，教育者与受教育者平等地参与每一项活动，同时，教育者也要善于创设一种民主平等的气氛，鼓励受教育者发表意见，支持受教育者的不同想法，并逐步促使教育者把外在鼓励内化为受教育者内在的需要，从而引导受教育者由不成熟向成熟的发展。在互相支持的过程中，教育者与受教育者之间相互理解、相互宽容，并通过教育者的语言诱导、目光诱导及身教诱导，鼓励受教育者发表自己的见解，经常向受教育者投射自己的期望，时时传递变化的教育信息，使受教育者在积极向上、愉快而有成就感的情感体验中，激发其内在的学习动机。教育者与受教育者之间的支持，是教育者与受教育者之间双方信息反馈与互动的过程，也是教育者与受教育者之间的认知方式、心理特征等相互塑造、不断建构的过程。

总之，教育者与受教育者之间人格平等的实现，并不限于教育者在认识上平等意识的树立。还表现在所有的教育活动中，教育者处处体现出的教育者与受教育者之间的人格平等，要将不同个体视为不同人格的"完整"的人，从而促成人的发展，使受教育者成为主动活动、富有个性且具有不同发展特点的个体。

（三）尊重受教育者

在教育的过程中，尊重受教育者具体表现为：尊重受教育者的主体性、尊重受教育者的差异性、尊重受教育者的丰富性和独特性等。尊重是人类各民族在漫长发展中形成的基本伦理理念或最起码的道德共识。是传统美德的最基本的组成部分，也是人类自身人格魅力的一种体现。然而，在我国传统的认识中，尊重通常是对上的，如尊老爱幼、尊师爱生等。在人们的观念中，受教育者往往处在受保护、受教育之列，却常常不会包括在受尊重的范围内，要求受教育者得到承认和尊重的呼声很弱。事实上，受教育者尽管依附于教育者，但也有被人尊重的需要。一旦受教育者需要得到满足，就会产生一种力量，就会前进，就能发展。从教育学的角度讲，尊重也是教育的重要原则。因此，尊重受教育者的人格及其发展，应该是教育的基础，也是一个教育者应有的人格品质。

　　翻开中外教育史可以看到，尊重受教育者，让受教育者享受最好的教育一直是中外教育家的目标和理想。例如，追求教育平等、教育公平、受教育者自由发展等等。孔子的"有教无类"就是为追求受教育平等的一个平民教育要求。在教育中讲尊重、坚持尊重、要求把尊重当成教育的起点。教育是人的活动，人是客观存在的，不容质疑，教育的前提就是肯定人的存在、人的价值和尊严。教育尊重人的存在、人的价值，就是要尊重人自身发展的内在需要。人的特质在于人的不确定性，即有疑问的、靠不住的事情。美国心理学家凯利研究发现：科学家在他们生命中总是不停地寻找透彻明晰和了解弄懂，由此发展他们的学说。其实所有的人也象科学家一样，都力图减少不确定性，以便使自己的生活明朗化。由此说明，人总是要为自己的生命寻求一种高于生命本身的意义，实现自我超越。人的这种自我发展的内在动力就是教育的可能性，也是人需要教育的内在规定性。尊重受教育者的身心发展是教育尊重人的内在发展需要的表现，也是教育的基本规律之一。爱默生说得好，教育成功的秘诀在于尊重受教育者，谁掌握了这把钥匙，谁就能获得成功。尊重受教育者的身心发展规律，研究受教育者身心成长的特殊性，把握其个性及其差异，因材施教，教育才能取得预期效果。

在教育活动中，教育者是主体、起主导作用；同时，受教育者同样是教育活动的主体。教育者应该在尊重受教育者的主体性基础上，发挥指导或引导作用，为受教育者的健康成长肩负起道义上的责任。教育本义就是引导，不是教导、宣传，更不是灌输、驱使。引导意味着平等、尊重、教育者平等的对待受教育者、尊重和信任受教育者，同时还要全面的关心和帮助受教育者，帮助受教育者成为应该成为、可能成为的样子，也就是成为他自己，而不是限制或压制受教育者的成长。教育者的作用在于帮助受教育者去发现、组织和管理知识，引导他们而非塑造他们。受教育者不是绝对的被教导、被灌输的对象，而是学习的主体，具有成长的主动性。教育者和受教育者应该是相互尊重、平等互信、民主对话关系。在这种关系中，教育者和受教育者可以在友好的气氛中进行平等自由地讨论研究，形成既尊重他人，自己也被尊重的氛围。受教育者自由表达自己的思想，思维得到锻炼，创新意识增强，教育者则不再因为得道在先成为权威，而是以商讨的办法与受教育者共同探讨平等交换意见，从而促使双方积极思考，最终孕育出创造性成果。在教育的一切活动中，教育者不仅要通过语言（包括形体语言）来肯定受教育者，还要在教育环节中注意加强与受教育者的思想感情沟通，融洽教育者与受教育者之间关系。尊重受教育者更应尊重受教育者的人格，以平等的态度对待每一个受教育者；对受教育者不抱偏见，以发展的眼光客观、公正地评价每一个受教育者，为受教育者的发展提供广阔的空间环境和氛围。

总之，教育在给人以规矩的时候，同时也要给人以自由，好让他们用自身的内存，自身的自然物，去获得外部的知识、外部的自在物。在教育中讲尊重，坚持尊重，在尊重的基础上确保教育的有效实施。

四、教育与人格完善的结合

树立人格平等观，是实施教育的重要前提，而教育实施的最终目标，是为了更好的促进个体人格的发展与完善。因此，在将教育与个体的人格完善相结合的过程中，教育者要始终把握住人格平等这一关键，用教育进行正确的引导和保证，从而实现受教育者人格的发展，以及教育者自身人格的完善，最终实现整个社会的美好与和谐。但是这种教育与人格完善间的结合，是不可能通过一次两次的教育活动一蹴而就的，它需要一个稳定而持续的过程。这种过程应起始于个体的学生时期，直至成年时期乃至一生。

（一）学生时期打好基础

学生时期，包括小学、中学和大学三个不同阶段。从教育的角度讲，这三个阶段既连续、又各有不同的教育内容和特点。从人格发展角度讲，它们是人格形成和发展的关键阶段。其中，小学时期，是个体身心发展的关键期。从儿童抓起，对学生实施人格教育，有利于个体在成长过程中，形成和完善健康人格，自觉接受教育，努力把自己培养成"四有"人才，成为社会所希望的身心健康的有用之材。因此，我们必须从学生时期就要抓好人格教育，打好健康人格基础。这对青少年学生形成高尚的道德和良好的思想素质发挥重要作用。

从人的品质上看，个体的品质可分为三个层次：第一个层次为个体的人格品质，诸如自信心、上进心、勇敢和毅力等等。这些品质是个人成就和幸福生活的基本主观条件。对于这些品质，可以通过人格教育来培养。第二个层次是社会道德和法律品质，诸如关心集体、工作责任心、遵纪守法等等。这些品质，可以通过道德和法律教育来培养。第三个层次是思想政治品质，诸如世界观、人生观和价值观等等。这些品质可以通过教育来培养。这三个层次品质的教育是相互联系和相互作用的，其中个体人格品质的教育是基础。因为人格教育是培养良好的人格品质，能够为学校的品德和教育提供更好的个人主观条件。也就是说，学校的品德和教育需要人格品质修养为前提条件，在良好的和健康的人格品质基础上，才有可能形成良好的道德和思想政治品质。具有不良的人格品质，如自高自大、心胸狭窄、嫉妒偏激等等的人，难以形成高尚的道德和良好的思想素质。传统的学校德育工作和教育工作偏重于学生思想政治和道德认识的灌输，而忽视了对学生人格品质的培养，使得道德和教育缺乏良好的心理基础。因此，在对学生进行德育和教育中，必须注重教育者与受教育者人格平等这一前提，抓好人格教育，把人格教育与教育有机地结合起来，切实解决好德育、教育中的知与不知、信与不信、知与行这样三对矛盾，将道德认知与道德情感和道德行为统一起来。

对青少年进行人格教育，必须根据他们成长的不同阶段，接受教育的不同层次，理解问题的不同程度，以及不同学习时期发生的心理问题的特点，有的放矢的实施教育。具体抓好以下基本内容。

1.注重矫正与预防不良的心理与行为倾向，有效促进心理健康

当代社会是一个日趋开放的多元化、多样化的社会，这种社会现实对青少年的影响是深刻的，由于受社会环境与教育的种种不良影响，在相当部分青少年中会出现一些心理问题与不良行为倾向，如任性、自私、自卑、自大、脾气暴躁、攻击性行为、冲动、说谎与欺骗、恐惧与焦虑、早恋与放荡等等。据有关研究资料显示，青少年这种不良的心理和行为倾向呈增长的趋势。在小学阶段，有心理和行为问题的学生约占13%；在初中阶段，具有明显心理障碍的学生比例为15%左右；在高中阶段，这个比例高达19%；而在大学阶段，这种比例增长到20%以上。因此，对于已经出现的心理与行为问题，要通过适当的人格教育与行为训练来加以矫

正。对于那些尚未出现或可能出现的问题，要及早进行人格教育，有效地预防和防止心理问题的出现。

2.注重培养青少年良好的心理素质，有效健全人格

培养良好的心理素质与健全人格要着重抓好以下三个方面的工作：

首先，要培养良好的人格。通过人格教育引导青少年正确地认识自己、客观地接受自己和主观地坚信自己，逐步提高自信心；培养自觉性，使他们能够理性地选定自己的目标，并找准实现目标的有效途径；培养独立性，提高依靠自己解决自己问题的能力；培养创新精神，提倡敢于怀疑，敢于提出问题，善于探索，勇于挑战；培养责任心，做到对自己负责、对家庭负责、对社会负责；培养和谐精神，提高人与社会、人与自然、人与人之间和谐关系等等。

其次，要培养相互关爱品格，养成良好的社会兴趣和交往技能。通过人格教育，让青少年特别是独生子女学会关心、学会尊重、学会爱人；不仅要关心自己、尊重自己、爱护自己，更要同情他人，尊重他人，关心爱护和帮助他人。还要让他们学会社会交往的有关技能，做到认真倾听他人说话，自如表达自己的思想感情，注意礼节，注意言谈举止等等。

再次，要培养乐观开朗的性格。通过人格教育，帮助青少年树立正确的人生观，正确对待困难、挫折和荣誉，对前途充满希望和信心；同时要培养他们幽默感与开朗的性格，以及应付挫折的心理承受力和采取正确的态度解决各种困难的方法。

3.注重开发智能，有效促进人格发展。智能是个体人格中的重要成分或因素，人的智能的发展，是个体其他人格特征形成的前提和基础。因此，智能的培养与开发也是人格教育的一项重要内容。它主要包括：利用青少年的好奇心，培养他们的求知欲和学习兴趣；培养他们良好的学习方法和学习习惯；训练他们的思维能力与思维方式，开发他们的潜能。

总之，通过人格品质教育，调节青少年的各种心理问题和心理障碍，努力塑造健康的人格、促进人格平等观的形成。同时，解决好自觉接受德育和教育的心理基础，调动青少年求知的积极主动性，发挥他们情感、信念和意志因素的作用，培养高尚的道德品质和良好的政治思想品德。

（二）成年时期抓住完善和巩固

成年时期是个体身心发育的成熟期，也是接受学校教育转向社会实践，并在社会生产活动中实现自身价值的关键时期。因此，围绕实现自身价值过程中遇到的与社会、与他人之间的矛盾，以及各种挫折和困难所引发的思想问题和心理问题更加突出、更加实际。这是教育工作面对的现实问题，也是教育必须认真解决的实际问题。教育为有效地解决实际问题，首先要抓住教育对象健康人格的完善和巩固工作，这是教育内化的重要前提。健康人格是接受教育的重要心理基础，只有健康人格才能把教育与社会需要联系起来，把社会需要内化为自己的需要变成坚定的信念，并指导适应社会需要的行为。健康人格虽然有其相对的稳定性和持久性，但这种稳定性和持久性是相对的，而发展变化是绝对的。人格的发展变化除遗传因素外，主要是受社会环境的影响。这种影响主要体现在社会文化层面上和个体生活情境的层面上。其中，社会文化层面是个体健康人格完善和巩固的宏观背景，包括一定的社会物质生活条件、社会制度、价值观念、行为规范、道德准则等等。因此。我们在实施教育中必须注重健康人格的完善和巩固工作。从教育角度讲，健康人格的完善和巩固，关键在于改革传统的教育模式。对此应从以下三个方面着手：

1.教育工作目标创新。在培养现代化成年人的目标上，不仅要使他们正确掌握生活的技能规范，扮演好社会角色，而且要让高尚的社会理想、道德、规范和社会主义核心价值观念武装成年人的头脑；促使个人的潜能和个性充分发挥，促使个体的价值发展与社会进步融为一体；促使主体意识、效益意识、创新意识等现代观念进入成年人的思想认识体系，最终造就一大批有理想、有道德、有文化、有纪律的社会主义新人。

2. 教育机制创新。随着信息时代的到来，新型的文化传媒体系日益深入生活。学校、家庭已不再是仅有的社会化联合机构了，现代大众传播中的广播、电视、互联网以及社团、社会群体、工作单位、社区等机构和渠道的社会化功能已日趋明显。基于社会化机制的多样化创新，成年人接受现代化教育的机遇、条件明显优于以往。因此，教育者普及认识并掌握运用这一机制的创新特征，调动一切环境资源，开展全方位的教育工作，促进成年人人格进一步的完善和巩固，使他们更好地"面向现代化、面向世界、面向未来"。

3. 教育过程创新。当今中国社会处在全面转型时期，国民的社会心理也正经历着从传统向现代化的转化。而且，这种转化同社会结构的转变一样表现出了新的观念和思想之间的严峻冲突。这种冲突表现为个人价值选择的双重取向，即社会显观念和潜意识相互矛盾而并存、先进的思想意识形态的诞生和传统的观念及行为定势的延续相互交错而并行。越来越多的人的人格和社会行为在趋向现代化，同时，也有相当一部分人对新价值体系的向往常常会使他们感到超越时代的激动和痛苦，而对旧的价值体系的留恋却又会使他们对消除二元结构产生抵触情绪。加上社会不公现象的凸显，人们的心理和行为取向趋于严重的失衡、失范和失控之中。这些现实问题和实际问题靠传统的教育过程和教育方法是难以解决的。因此，必须创新教育过程社会化，要打破以往单方面灌输的传统格局，采取全方位双向交流的传递方式，鼓励并引导成年人在接受社会主义核心价值体系的同时，增强自我控制、自我实现能力，从而使得教育过程和方式更加丰富多彩、充满生机、更加富有成效。

通过教育工作创新完善和巩固成年人的健康人格，意味着对传统的教育模式要予以反思和改革。一方面要抛弃僵化、陈腐、不适应时代发展的旧模式，另一方面要积极创造、融入现代社会的新观念、新要求、新模式。而其根本的目的不仅是完善和巩固成年人的健康人格，解决接受教育的心理问题，更重要的在于使成年人具有现代化心理素质特征，才能够使我们这个古老的民族真正自立于世界民族之林。

（三）领导干部注重自觉和升华

领导干部是掌握人民委托的权力并正确行使手中权力全心全意为人民服务的公仆，也是教育的领导者和实施者。他们良好的人格品质不仅直接关系到权为民所用、情为民所系、利为民所谋，还影响着人民群众健康人格的建构。随着我国社会改革开放的深入，科学技术的迅猛发展以及社会生产力水平的不断提高，社会政治结构和经济结构正在发生巨大而深刻的变化。在这种情况下，对社会系统进行有效控制和管理就显得更加重要。处于管理层次的领导活动也更加显现出自己的威力。这一切促使现代领导者不仅要具有良好的政治道德素质和业务知识素质，还必须具有良好的人格品质，健康的人格，才能在人格平等的环境中实施科学的领导活动，完成党和人民交给的各项任务。

1. 领导干部健康人格特征

人格具有复杂的特征，这些特征在领导干部身上以独特的形式结合成为领导干部人格特征。领导干部健康人格特征概括起来主要有以下几种：

——具有远大的志向，信仰马克思主义，坚持中国特色社会主义理论体系，坚持解放思想、实事求是、与时俱进，勇于改革和创新，不为任何风险所惧，不被任何干扰所惑，立志为实现社会主义共同理想，促进社会和谐，为夺取全面建设小康社会新胜利而奋斗。

——具有高尚的品德，有强烈的责任感、义务感和道德感，热爱祖国，热爱人民，真诚倾听群众呼声，真实反映群众愿望，真情关心群众疾苦，为群众办好事、办实事，有较强的荣誉感和廉耻心，忠诚、积极、正直，有以"八荣八耻"为主要内容的社会主义荣辱观，遵守道德，行为高尚。

——具有法治观念，能够自觉地学习和掌握法律知识，形成法纪观念，能够自觉地遵律守法，坚持法治，反对人治，做到依法办事，坚持在法律面前人人平等。

——具有科学发展观，尊重科学、尊重人才。懂得科学知识在现代社会中的价值，明白科学技术对提高生产效率和竞争力的重要作用，深入贯彻落实科学发展观，坚持以人为本、坚持全面协调可持续发展、坚持统筹兼顾。

——具有自强意识，反对依赖心理，不信命运，认识到领导者应该自尊、自立、自强，靠自己的努力去战胜困难、创造未来。有独立性和自主性，有自信心，相信自己的力量，相信自己能够胜任所担负的工作，相信自己有能力带领一个集体完成面临的任务，同时，还相信自己所在的集体的力量，相信集体具有实现既定目标的能力。对自己和社会生活持乐观态度。

——具有民主意识，反对特权思想和特殊意识，主张人人平等。懂得人与人之间相互和谐的含义、相互尊重的价值，十分看重他人和自尊。在领导活动中尊重他人和属下的人格，严格规范自己的言行，对于弱势群体的自尊和权力，能给予充分尊重和保护。尊重民众、自觉接受民众的批评和监督，善于以理智的态度、通过民主的程序做出各种决定和决策。

——具有正直诚实的品质，反对当面一套，背后一套，表里不一、言行不一的变态心理。要公正坦率、忠诚老实、实事求是。无论在任何条件下，对党、对同志、对上级、对群众都不隐瞒自己的观点。不搞无原则的吹捧逢迎，讲真话，不讲假话，把观点摆在桌面上，不搞阴谋诡计，无论在任何条件下都能如实地对待自己，如实地反映自己的缺点和成绩，绝不弄虚作假、报喜不报忧。

——具有宽容大度的品质，反对心胸狭隘，嫉贤妒能的小人心理。懂得顾全大局，不计较小事，在非原则问题上能忍让，不计前嫌，能与自己不和，甚至反对过自己并被实践证明是反对错了的人一道共事；在对待下属的态度上，善于心理置换，能理解容纳下属的现状，不求全责备，不过分地吹毛求疵；在对待能力比自己强的人的态度上，甘居人后，举贤任能。

——具有创新意识，社会适应性强，有改革的要求；不迷信于传统的权威，善于与时俱进，乐于创新，锐意进取，有坚忍不拔的意志品质，不断调整目标，争取更多更好的社会效果。

2. 领导干部的人格障碍

随着经济全球化浪潮的风起云涌和国内进入改革发展的关键时期，经济体制深刻变化，社会结构深刻变动，利益格局深刻调整，思想观念深刻变化，加之社会生活的急剧变化，工作和生活节奏的明显加快，竞争的日趋激烈，导致了领导者工作和生活压力增大，各种心理问题和人格障碍大幅度增加。就领导干部在领导活动中存在着的大量人格障碍进行归纳，主要有以下七种类型：

——强迫性人格障碍

领导干部强迫性人格障碍的特点，是在对待自己和他人时，总有一种求全和固执的表现，而且这种表现涉及面广、相对稳定。具体表现在：①处处以 "正人君子"自居，不苟言笑，言行脱离群众；②固执自己的工作模式，不能容忍任何变化；③做任何事情都要求完美无缺、按部就班、有条不紊，因而有时反会影响工作效率；④不合理地坚持别人也要严格地按照自己的方式做事，否则心里很不痛快，对别人做事很不放心。⑤在决断事情、处理问题时，往往要思考再三，有时则因此而误事。

——偏执性人格障碍

领导干部偏执性人格障碍的特点，是脱离实际、广泛猜疑、嫉妒、过分自负、好嫉恨别人。具体表现为：①极度的感觉过敏，对他人的批评耿耿于怀；②思想行为固执死板，心胸狭隘、好妒忌，对别人获得成就或荣誉感到紧张不安；③自以为是，对自己的能力估计过高，惯于把自己的错误和责任上推下卸，归咎于他人，在工作和学习上往往言过其实；④过多过高地要求别人和属下，但又从来不信任他们；⑤不能客观地分析形势，正确地判断事物，有问题易从个人感情出发，主观片面性大等。

——癔症型人格障碍

癔症型人格障碍又称表演型人格障碍，它在领导干部身上体现的主要特点，是言行脱节的两面性。其表现形式：①对属下要求严格，而对自己无约束的放荡自由；②上有政策，下有对策；③台上一套，台下一套，说得比唱的好听，做的比哭得难看；④自我中心，强求别人符合他的要求或意志，稍不如意就给别人难堪；⑤寻求刺激，过多地参加各种社交活动，有请必到，大吃大喝等。

——依赖型人格障碍

领导干部依赖型人格障碍的主要特点，是主观能动性差，对上级领导亲近与归属有过分的渴求。具体表现为：①在没有得到上级领导明确指示前，对自己分管的工作不能做出决策；②怕字当头，不敢坚持原则，明知别人错了，也随声附和，一团和气；③过度容忍，为讨好上级领导甘愿做低下的或自己不愿做、不应做的事；④很容易因未得到上级和群众的赞许或遭到批评而受到伤害；⑤无意识地倾向于以别人的看法来评价自己等。

——自恋型人格障碍

领导干部自恋型人格障碍的特点，是性格内向、冷漠。表现在领导活动中的主要反映：①对批评的反应是愤怒、羞愧或感到耻辱；②喜欢指使他人，要他人为自己服务；③过分骄傲自大，在成绩面前居功自傲，在缺点错误面前文过饰非，在群众面前装模作样、摆架子、盛气凌人；④认为自己应享有他人没有的特权，在班子内独断专行，个人说了算、大搞家长制；⑤缺乏同情心，有很强的嫉妒心；⑥对权力、荣誉等有非份的幻想，为得到权力不惜跑官、要官甚至买官；为了得到荣誉弄虚作假，搞数字工程、形象工程、政绩工程，搞假学历、假文凭、假职称等。

——攻击型人格障碍

领导干部攻击型人格障碍是以行为与情绪具有明显冲动性和爆发性为主要特点，具体表现主要有：①情绪急躁易怒，存在无法自控的冲动；②性格上常表现出向外攻击、鲁莽和盲动性，对持反对意见或举报自己问题的人往往采取打击报复、穿小鞋；③行动反复无常，行动之前有强烈的紧张感，行动之后体验到愉快、满足或放松感，无真正的悔恨、自责或罪恶感；④心理发育不健全和不成熟，经常导致心理不平衡；⑤易产生不良行为和滥用权力违纪违法的倾向等。

——以权谋私的反社会型人格障碍

领导干部以权谋私的反社会型人格障碍的心理特点：是对权力、金钱、美色的贪欲性极强，不顾道德、纪律、法律准则和行为规范，滥用人民委托的公共权力大搞权权交易、权钱交易、权色交易，不能从挫折与惩罚中吸取教训，缺乏焦虑感和罪恶感。主要表现：①没有通常被人认为是精神病状的非理性和其他表现，也没有其他思维障碍；②缺乏对行使人民委托权力的责任感，把手中权力当成满足个人和家庭私欲的资本和工具，以权谋私；③对金钱的贪婪，用各种非法手段，肆无忌惮地敛财，贪赃枉法；④贪美色而不讲廉耻，追求腐败糜烂的生活，拜倒在石榴裙下；⑤无后悔之心，也无羞耻之感，对自己的腐败行为，不以为耻，反以为荣等。

总之，领导干部在领导活动中存在和暴露出来的上述不同人格障碍，其主要原因在于人格发展中内在的不协调，情绪反应、动机和行为活动出现异常。这种异常是在认识过程和智力没有障碍情况下出现的，是对领导干部正常人格的偏离。因此，加强健康人格教育，塑造领导干部完整的人格形象，是在必需。

3. 强化领导干部健康人格教育

强化健康人格教育，就是要教育各级领导干部排除各种人格障碍，在思想、道德、品质、情操等方面达到合理的教育水平，塑造一种比较完整的人格形象。我国现代社会的健康人格，就是在思想观念、道德品质、心理素质和行为方式上与中国特色社会主义建设相适应的人格。它是以有理想、有道德、有文化、有纪律为根本特征，由具有为国家富强和人民富裕而艰苦奋斗的献身精神和具有实事求是、独立思考、勇于创新的科学精神有机结合而成的，具有若干优良品格的全面发展的人格模式。因此，强化对领导干部的健康人格教育，首先要强化社会主义道德理想教育，培养高尚的道德品质。道德理想是人们所追求的高尚的道德水准。道德理想向人们提供了道德追求的最高典范和做人的最高道德标准。道德如果作为衡量个体人性的标志，是指个体特定的道德认识、道德情感、道德意志、道德信念和道德习惯的有机融合。道德是在各种道德教育和自身努力修养过程中逐渐形成和发展的。在道德的形成和发展过程中，道德理想是根本动力，因此，我们必须强化对各级领导干部社会主义道德理想教育。当前，要突出抓好以"八荣八耻"为主要内容的社会主义荣辱观教育。以"八荣八耻"为主要内容的社会主义荣辱观，是中华民族传统美德，优秀革命道德与时代精神的完美结合。它不仅涉及人生态度、价值选择、社会风尚等各个方面，还反映了社会主义道德的基本要求，为在社会主义市场经济条件下判断行为得失、分清是非荣辱、明辨善恶美丑、确定价值取向、做出道德选择提供了基本准则，是新形势下加强公民道德建设的重要指导方针，也是强化各级领导干部思想道德教育，培养高尚的道德人格的重要指导方针。各级教育部门，要采取各种手段和强有力的措施对各级领导干部进行思想道德教育。通过教育促进各级领导干部树立社会主义荣辱观、提升道德修养，塑造高尚的道德品质。同时，要注意实践养成，要把践行社会主义荣辱观与领导活动紧密结合起来，要以身作则、率先垂范，做社会主义荣辱观的自觉实践者，用自己的模范言行引领社会风尚，引导整个社会广泛形成讲道德、重修养，尚清廉的良好风尚。还要建立思想道德教育的长效机制，把树立社会主义荣辱观、提升道德修养、塑造高尚道德品质的任务落到实处。这一任务的完成是需要一个长期的过程，必须立足当前、着眼长远，把集中教育与长期教育结合起来，持之以恒，在实践中逐步积累，在常抓不懈中扎实推进。与此同时，要用政策法纪和规章制度有效地调节领导干部"八荣"的行为，制约"八耻"的现象，推进整个领导干部队伍道德水平的提高和道德品质的塑造。

其次，强化马克思主义权力观教育，培育高尚的权力意识。关于马克思主义权力观问题，有的学者将其归纳为由马克思的"公仆观"、毛泽东的"宗旨观"、邓小平的"服务观"等一系列精神论述所构成。我们党所讲的马克思主义权力观，其核心就是全心全意为人民服务，为广大人民群众谋利益。其基本含义：社会主义国家的一切权力来源于人民；领导干部的权力是人民委托的权力；领导干部掌权的职责是代表人民的根本利益，为国家的安全、发展和富强服务，为人民群众的团结、和谐、富足和安宁服务；领导干部的用权行为要始终用来为人民谋利益。而权力意识作为衡量领导干部官性的标志，是指领导干部个体特定的权力认识、权力情感、权力信念和行使权力习惯的有机融合。领导干部的权力意识主要是在权力观教育和行使权力的实践中形成和发展的。因此，塑造各级领导干部适应新时期科学执政需要的权力意识，必须注重马克思主义权力观教育。通过教育要引导各级领导干部树立正确的权力观，有效地调节权力意识障碍，防止和遏制滥用人民委托的公共权力，大搞权权交易、权钱交易、权色交易的腐败违纪和犯罪问题发生；防止和遏制在征收征用土地、城镇房屋拆迁、企业重组改制和破产、教育医疗收费、环境保护、食品药品安全、企业安全生产等方面损害群众利益的各种不正之风的发生；防止和遏制利用职权与家属串通一气，共同作案，聚敛钱财，亦官亦商、与民争利，谋取非法利益现象发生；防止和遏制欺压群众、压制民主、作风浮躁、急功近利、好大喜功、弄虚作假、搞"形象工程"、"政绩工程"，贪图享受、讲排场、比阔气、挥霍公款、奢侈浪费之风；防止和遏制在工程建设、土地出让、产权交易、医药购销、政府采购等领域的商业贿赂问题。真正做到权为民所用、情为民所系、利为民所谋，自觉接受人民群众的监督，自觉遵守党纪、政纪和各项法律规定，自觉培育高尚的权力品质，努力塑造良好的权力意识。

再次，必须启动高度的自我调节系统，最大限度地提升领导干部健康人格的品位和质量。领导干部自身是一个高度的自我调节系统，一切外来的教育和影响都通过自我调节起作用。从这个意义上说，领导干部是在自己的岗位上实施领导活动的实践中塑造并提升自己的健康人格的。所以，领导干部应该有一种人格自我锻炼、自我完善、自我提升的独特动机，在这种动机的支配下，应确定理想与目标，力求了解自己人格的优缺点，及时了解自身存在的人格障碍，拟定自我教育的计划，给自己规定一些发展、完善和巩固某方面人格品质的主要行动规划，或者提出一些警句，有意识地注意人格的调节与锻炼。这就要求领导干部首先要善于解剖自己，应该经常地反省自己工作中暴露出来的人格上的不足或人格障碍以及产生的主客观原因，并针对其不足或人格障碍进行有目的的调节和修养来塑造、完善和提升自己的健康人格。此外，领导干部良好人格品质的培养，还要树立正确的人格榜样。用人格榜样的力量感化和促进自身健康人格的完善和提升。

综上所述，以人格的平等为前提，进行教育，既可以保证教育的有效性，又可以促进人格的最终完善。因此，将人格平等和教育有机结合，使其贯穿于人的一生的发展之中，是教育必然的选择。

参考文献

1.张耀灿：《现代教育学》 人民出版社 2006

2.赵燕茹：教育：章显人文精神《中国教育报》2007.2.27 第三版

3. 陈 少 岚 ： 论 教 育 中 的 以 人 为 本 http ：
//chenshaolan/cn.bkcc.com/tb.b diaryib=11223355

4.廖小明：论教育在构建和谐社会中的作用《教育》 2006.1

5.中共中央宣传部：《论构建社会主义和谐社会》 学习出版社 2005

6《马克思恩格斯选集》第 1 卷，人民出版社 1995 年，第 98 页

7.林崇德.《发展心理学》人民教育出版社，2001，第 460 页

8.罗亚莉.《探析教育对象角色心理的社会价值》[D].贵州师范大学，

9.吴宝善.《农民工的心理特征与教育》[J].经济与社会发展，2006（4）

10.黄锟.《农民工权力：构建和谐社会的重大课题》[J].中国劳动关系学院学报，2006，20 卷 1 期

11.程昌柱，马嘉美，徐定华，钱伯涛.《思想教育心理学》[M].科学普及出版社，1991，200-201.

12.马克思，恩格斯.《马克思恩格斯全集》.人民出版社，1956，167.

13.张耀灿.《现代教育学》. 人民出版社，2001，273-274.

14.李晓东、王慧.《大学生教育的误区》.山东省青年管理干部学院学报[J].2003，9（5），48

15. 盘意文.《思想政治理论课教育定位探微》.理论探讨［J］.2006,157

16. 刘怀金,侯战海.《走出思想和工作误区努力做好思想政治工作》.华北水利水电学院学报 （社科版）［J］,2001,9,17（3）,57.

17. 刘天能.《当代大学生教育的几个误区》.黔南民族师范学院学报［J］,2006,（4）

18. 曾祥添,颜婉婷.《浅析社会转型时期大学生思想认识的误区——学生思想调查与比较分析》.三明高等专科学校学报［J］.2002,9,19（3）,154

19. 江雪梅.《当代大学生思想观念中的误区及对策研究》.黑龙江高教研究［J］,2001,（5）,33

20. 林刚.《教育要尊重学生的心理需要》.道德教育［J］,2005,（3）,157